Schwarzer HUMOR WITZE

Die große Witzesammlung –
für eine Bombenstimmung

Schwarzer HUMOR WITZE

Die große Witzesammlung –
für eine Bombenstimmung

EDITION XXL

Einleitung

Liebe Leserinnen und Leser,

wie auch beim Vorgänger dieses Buches, der politisch unkorrekten Zitatensammlung, stellt sich die Frage: Darf man über so sensible Themen wie Alter, Tod, Krankheit, Behinderung, Sexualität oder Verbrechen eigentlich Witze machen? Und diese sogar noch öffentlich erzählen?

Und die Antwort lautet einmal mehr: Unbedingt!!! In einer sich immer weiter beschleunigenden Welt, in der wir uns neben unseren persönlichen Alltagsproblemen auch noch diversen wirtschaftlichen, sozialen und ökologischen Herausforderungen auf globaler Ebene gegenübersehen, können wir jeden „Lacher" gebrauchen, den wir kriegen können – auch wenn er uns manchmal fast im Halse stecken bleibt. Denn zum einen ist Lachen erwiesenermaßen gesund, zum anderen ist kaum etwas so befreiend und anregend wie ein bewusster Tabubruch beziehungsweise das bewusste Überschreiten der Grenze des sogenannten guten Geschmacks.

Sie müssen also die „bösen" Witze in diesem Buch nicht hinter vorgehaltener Hand im engsten Vertrautenkreis erzählen und zum Lachen auch nicht in den Keller gehen. Gönnen Sie sich und Ihrer Umwelt stattdessen ungezügelte, erlösende Lacher und genießen Sie jede Boshaftigkeit und Gemeinheit jenseits allen Anstands in vollen Zügen.

Allerdings, und das soll an dieser Stelle nicht verschwiegen werden, heißt das nicht, dass alles erlaubt ist. Der Spaß hört definitiv da auf, wo der Witz instrumentalisiert wird, um die Gefühle einer Person bewusst zu verletzen oder wie auch immer geartetes radikales Gedankengut zu transportieren. Entsprechend habe ich die Auswahl der Witze getroffen, aber das persönliche Empfinden jedes Einzelnen ist nun einmal unterschiedlich. Seien Sie deshalb gewarnt: Ab Seite 10 lesen und lachen Sie auf eigene Gefahr!

Viel Vergnügen dabei wünscht Ihnen

Andreas Ehrlich

Nachdem Gott Mann und Frau
geschaffen hat, betrachtet er sein Werk.
Zum Mann sagt er selbstzufrieden:
„Du bist mir gut gelungen,
ein wohlproportionierter Körper
mit perfekten Formen –
die vollendete Ästhetik."
Dann fällt sein Blick auf die Frau
und er meint achselzuckend:
„Na ja, du musst dich halt schminken …"

„Wenn ich tot bin, möchte ich verbrannt
werden", sagt der Ehemann zu seiner Frau.
Darauf sie: „Typisch, weggehen
und den Dreck liegen lassen …"

Warum lassen sich jugendliche Türken
einen Oberlippenbart wachsen?
Damit sie mit dem Ausweis ihrer Mutter
in die Disco kommen!

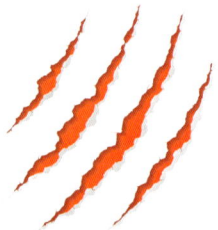

In welcher Zeitung steht:
„Mann warf Frau aus dem Fenster"?
In der *Bild*.

In welcher Zeitung steht:
„Frau warf Mann aus dem Fenster"?
In *Schöner wohnen*.

Warum schätzen Kannibalen
schwangere Frauen?
Wegen der Kinder-Überraschung
und der Extraportion Milch.

Der Kommandant der Feuerwache
kommt in den Mannschaftsraum
und setzt sich zu seinen Männern.
Nachdem er seinen Kaffee getrunken hat,
meint er: „Macht euch mal
ganz gemächlich fertig,
das Finanzamt brennt."

Was bedeutet es,
wenn Gott alle Blondinen zu sich ruft?
Die größte Rückrufaktion aller Zeiten.

Warum bekommen ältere Patienten
häufig Fangopackungen?
Damit sie sich schon einmal
an die Erde gewöhnen.

Jesus begegnet einem alten blinden Mann,
der auf dem Boden kniend nach etwas sucht.
„Kann ich dir helfen?", bietet Jesus an.
„Ich habe meinen Sohn verloren",
erwidert der alte Mann.
„Wie sah er denn aus?", fragt Jesus weiter.
„Er hat in Händen und Füßen Löcher
von Nägeln ..." Darauf ruft Jesus freudig:
„Vater!" Und der Alte: „Pinocchio!"

Zwei Ärzte besprechen die Befunde
eines Patienten. Meint der eine:
„Ich finde, wir sollten unbedingt operieren."
Fragt der andere: „Wieso, was hast du entdeckt?"
„Dass er Geld hat ..."

Was haben Wolken und
Männer gemeinsam?
Wenn sie sich verziehen,
kann es noch ein schöner Tag werden.

Flüstert einer der Gläubigen
bei der Kommunion zum Pfarrer:
„Könnte ich stattdessen ein Stück
von der Dornenkrone bekommen?
Ich bin Vegetarier …"

Eva schreit Adam an:
„Du bist immer anderer Meinung als ich!"
Darauf Adam:
„Zum Glück, sonst hätten wir
ja beide unrecht."

Fragt die Ehefrau verträumt:
„Erinnerst du dich noch? An dem Tag,
an dem wir uns kennengelernt haben,
herrschte ein starkes Gewitter
mit Blitz und Donner."
„Aber sicher", antwortet er,
„und ich Trottel habe die Warnung
nicht verstanden …"

Ein Arzt ist gestorben.
Hoffnungsfroh geht er auf
das Himmelstor zu, als er
plötzlich die Stimme von Petrus hört:
„Lieferanten bitte
den Hintereingang benutzen!"

Zwei ältere Damen sitzen
auf einer Friedhofsbank.
Plötzlich packt eine
von ihnen LIPPENSTIFT
und PUDER aus und beginnt
sich zu schminken.
Erstaunt fragt die andere:
„Wie alt sind Sie denn?"
„73." „Und da SCHMINKEN
Sie sich noch?"
Darauf die erste erbost:
„Wie alt sind Sie denn?"
„82." „Und da fahren Sie
noch NACH HAUSE?"

Bettelt die kleine Lea: „Mama, Mama,
ich möchte unbedingt Bungee-Jumping
machen." Erwidert die Mutter:
„Dein Leben hat schon mit einem
kaputten Gummi angefangen,
es soll nicht auch so enden …"

Der Ehemann zu seiner Frau,
als er gerade den Fernseher einschaltet:
„Möchtest du noch etwas sagen,
bevor die Fußballsaison anfängt?"

Zwei Ärzte treffen sich auf dem Friedhof.
Meint der eine: „So, Herr Kollege,
machen Sie auch Inventur?"

Ein Ehepaar sieht sich im Fernsehen
eine Tierdokumentation an. Meint sie:
„Liebling, findest du nicht auch,
dass Nagetiere dumm und gefräßig sind?"
Antwortet er: „Ja, mein Mäuschen."

Kommt ein Taubstummer auf die Bank und
legt ein Kondom und ein Ei auf den Schalter.
Der Bankangestellte betrachtet
die Gegenstände und meint schließlich:
„Ich verstehe, Sie wollen einen
Überziehungskredit bis Ostern."

„Soll ich den Hörer auflegen?",
fragt die Assistentin ihren Chef, als sie
den baumelnden Hörer
seines Telefons sieht. Darauf der Gefragte:
„Nein danke, meine Frau spricht noch."

Ein Mann erwacht aus dem Koma.
Als seine Frau dies bemerkt,
zieht sie die schwarzen Kleider wieder aus
und meint: „Typisch, auf Männer
ist einfach kein Verlass."

Was muss eine Frau tun,
wenn ihr Mann zickzack im Garten läuft?
Weiterschießen.

Ein Paar im vorgerückten Alter
möchte gern heiraten. Daraufhin erkundigt
sich der Mann in der Apotheke:
„Haben Sie Brennnesseltee?"
Antwortet der Apotheker: „Ja mein Herr,
haben wir." „Haben Sie auch Herztonikum?"
„Ja, Herztonikum haben wir ebenfalls."
„Und Haftcreme?" „Selbstverständlich."
„Führen Sie auch Stützstrümpfe?"
„Auch die haben wir im Sortiment."
„Gut, dann würden wir gern bei Ihnen
unseren Hochzeitstisch machen."

Ein Anruf vom Tierarzt:
„Ihre Frau ist mit Ihrer Katze bei mir
in der Praxis und möchte, dass ich
sie einschläfere. Sind Sie einverstanden?"
Darauf der Angerufene: „Aber sicher,
und die Katze können Sie einfach
vor die Tür setzen, sie kennt
den Weg nach Hause."

Zwei ältere Damen sitzen in einem
China-Restaurant und der Kellner
bringt schon einmal die Stäbchen.
Da schauen sich die beiden erstaunt an
und die eine meint: „Herr Ober,
wir wollen hier essen und nicht stricken."

Der Arzt zu seinem Patienten:
„Da sind Sie ja gerade noch rechtzeitig
gekommen." Darauf der Patient erschrocken:
„Ist es denn so schlimm, Herr Doktor?"
„Das nicht, aber einen Tag später und
es wäre von allein weggegangen."

Meint der kleine Fabian versonnen:
„Ich möchte einmal so sterben wie mein Opa
– friedlich schlafend und nicht
laut kreischend wie seine Beifahrer …"

Eine Frau soll gesteinigt werden.
Jesus stellt sich schützend vor sie
und fordert die versammelte Menge auf:
„Wer von euch frei von Sünde ist,
werfe den ersten Stein!"
Plötzlich kommt ein riesiger Kiesel geflogen.
Daraufhin dreht sich Jesus um und sagt:
„Mutter, manchmal find ich dich
echt zum Kotzen!"

Wie hört es sich an,
wenn man eine Katze überfährt?
Fump fump.
Und wie hört es sich an,
wenn man einen Finanzbeamten überfährt?
Fump fump, quiiiietsch,
fump fump, quiiiietsch, fump fump ...

Woran merkt man, dass das Konto leer ist?
Wenn sich die Sprache beim Geldautomaten
automatisch auf Griechisch stellt.

Was haben **Lavalampen** und Männer gemeinsam? Es ist eine schöne **Beschäftigung**, sie zu beobachten, aber besonders **hell** sind sie leider nicht …

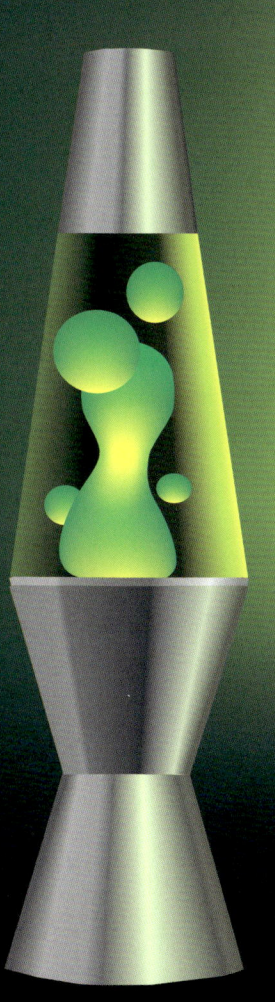

Wie repariert man einen Geschirrspüler?
Man tritt ihr in den Hintern!

Zwei Sekretärinnen tratschen über
den Chef. Schwärmt die eine:
„Er zieht sich immer so gut an."
Meint die andere: „Ja, und so schnell ..."

Der Arzt untersucht eine Patientin,
die im Sterben liegt. Meint er
zum wartenden Ehemann:
„Also Ihre Frau gefällt mir gar nicht ..."
Antwortet dieser: „Mir auch nicht,
aber es wird ja nicht mehr
lange dauern, oder?"

Ein Kannibale schwärmt:
„Am liebsten habe ich Politiker –
viel Sitzfleisch und kein Rückgrat."

ssssss

Der Gast erbost zur Bedienung:
„Auf meinem Tellerrand sitzt eine Fliege
und grinst mich unverschämt an."
„Tut mir leid, mein Herr, aber wenn
man Sie beim Essen beobachtet,
fällt es schwer, ernst zu bleiben."

Die Ehefrau vorwurfsvoll:
„Du hast mir gar nichts zu unserem
Hochzeitstag geschenkt." Darauf er:
„Na und? Ein Angler steckt einem gefangenen
Fisch ja auch keinen Wurm ins Maul."

Warum können Frauen so schlecht furzen?
Weil sie den Mund nicht lange genug halten
können, um genügend Druck aufzubauen.

Was ist schlimmer,
Parkinson oder Alzheimer?
Im Grunde ist es egal, ob man
sein Bier verschüttet oder ob man
sich nicht mehr erinnern kann,
wo man es abgestellt hat …

Zwei Elefanten sehen zum ersten Mal
einen nackten Mann. Sie schauen
an ihm herunter und wieder hoch.
Dann fragt der eine zweifelnd:
„Kannst du dir vorstellen, wie der
sein Essen in den Mund kriegt?"

Warum bringt das Christkind Socken,
Krawatten und Haushaltsgeräte
als Geschenke? Weil es blond ist.

Während der Jagd entsteht
plötzlich ein Tumult. „Sie Trottel",
schreit einer der Jäger. „Sind Sie denn blind?
Sie haben meine Frau erschossen."
„Tut mir leid", entgegnet
der Gescholtene zerknirscht.
„Da drüben steht meine.
Bitte revanchieren Sie sich ..."

Forscherinnen haben herausgefunden,
warum Moses mit dem Volk Israel
40 Jahre durch die Wüste zog:
Männer konnten noch nie
nach dem Weg fragen.

Neurotiker: jemand, der Luftschlösser baut.
Psychotiker: jemand, der darin wohnt.
Psychotherapeut: derjenige,
der die Miete kassiert.

Warum sagen so viele Männer
„Schatzi" zu ihrer Frau?
Weil sie sich nicht zwischen Schaf
und Ziege entscheiden können.

Ein Mann und eine Frau wechseln
heiße Blicke im Fahrstuhl.
Sie haucht in sein Ohr: „Mach, dass ich
mich wie eine Frau fühle."
Er überlegt kurz, zieht sein Hemd aus
und wirft es auf den Boden:
„Hier, waschen und bügeln!"

Warum haben manche Blondinen
blaue Flecken am Bauchnabel?
Weil es auch blonde Männer gibt.

Was ist der
Unterschied
zwischen
Bungee-Jumping
und Tennis?
Beim Tennis hat man
zwei Aufschläge.

Was kommt heraus, wenn man
einen Kraken und eine Frau kreuzt?
Das weiß keiner so genau,
aber es kann bestimmt gut putzen.

Der Frauenarzt zu einer Patientin:
„Also Frau Linder, ich habe eine
freudige Nachricht für Sie ...“
Unterbricht die Patientin ihn schroff:
„Fräulein Linder, bitte!“
„Also Fräulein Linder, ich habe
eine schlechte Nachricht für Sie ...“

Frau Günther erbost zu ihrem Mann:
„So geht das nicht weiter mit deinen
ewigen Selbstmordversuchen.
Schau dir bloß mal die Gasrechnung an."

Fragt die stolze Mutter: „Finden Sie auch,
dass mein Sohn mir ähnlich sieht?"
„Ach, das sollten Sie nicht so tragisch nehmen.
Hauptsache, er ist gesund."

Zwei Ehemänner unterhalten sich.
Meint der eine freudestrahlend:
„Meine Schwiegermutter hat endlich
ihr Idealgewicht erreicht."
Darauf der andere: „Wie viel
wiegt sie denn jetzt?" Antwortet der erste:
„3,5 Kilo inklusive Urne."

Schimpft der Vater mit seinem Sohn:
„Lass endlich diese dummen Sprüche,
es gibt auch schlaue Blondinen."
Darauf der Sohn: „Stimmt schon,
aber die laufen auf allen vieren und
heißen Golden Retriever."

Was sagt der Priester zum Ministranten?
„In dir steckt ein guter Christ."

Der Scheidungsrichter zum Ehemann:
„Herr Neubert, warum haben Sie
Ihre Frau denn während Ihrer
gemeinsamen Bergwanderung
immer wieder geschlagen?"
Darauf der Gefragte: „Ja wissen Sie,
ich konnte einfach nicht aufhören.
Es gab so ein wunderschönes Echo."

Das Wort „Windows" kommt
aus dem Indianischen und bedeutet:
„Weißer Mann, der durch Fenster
auf Sanduhr starrt."

Die drei größten Krisen
im Leben eines Mannes:
Frau weg, Job weg und Kratzer im Lack.

Warum sind Männer in der Regel größer
als Frauen? Das liegt in der Natur der Dinge:
Unkraut überwuchert die Blumen.

„Liebst du die Natur?", fragt Julia
ihre Freundin. „Na klar", antwortet diese.
„Das wundert mich aber.
Nach all dem, was sie dir angetan hat ..."

Mittels einer Befragung sollte ermittelt werden, welches Geschlecht Computer haben.

Die Frauen unter den Befragten votierten aus folgenden Gründen für **männlich**:
- Man muss ihn erst anmachen, um seine Aufmerksamkeit zu erregen.
  - Er verfügt über jede Menge Wissen, ist aber trotzdem planlos.
- Er soll dabei helfen, Probleme zu lösen, ist häufig aber selbst das Problem.
- Sobald man sich für einen entschieden hat, merkt man, dass bereits ein Besserer zu haben wäre.

Die Männer unter den Befragten stimmten aus folgenden Gründen für **weiblich**:
- Die Sprache, die sie untereinander verwenden, ist für niemanden sonst verständlich.
  - Nicht einmal ihr Schöpfer versteht ihre innere Logik.
- Sogar die kleinsten Fehler werden auf der Festplatte gespeichert.
- Sobald man einen hat, geht fast das ganze Geld für Zubehör drauf.

Woran erkennt man, dass man alt wird?
Wenn die Kosmetikerin einem schreibt,
dass sie nicht länger helfen kann und
man ab sofort sich selbst überlassen ist.

Die Ehefrau steht nackt
vor dem Spiegel: „Meine Haut
wird schrumpelig, meine Brüste
hängen herunter, mein Hintern ist zu dick.
Bitte, Schatz, sag mir etwas Positives!"
Darauf er: „Na ja, mit deinen Augen
ist offenbar alles in bester Ordnung."

Nach einem Blick in die *K*ristallkugel sagt die Wahrsagerin zu ihrer Kundin: „Morgen wird Ihr *E*hemann sterben." Daraufhin die Frau ungehalten: „Das weiß ich doch längst, mich interessiert, ob ich freigesprochen werde."

Was haben ein Revolver und
Windows gemeinsam?
Ungeladen sind beide völlig harmlos …

Fragt der kleine Julian seinen Vater:
„Papa, wie ist es eigentlich,
den besten Sohn der Welt zu haben?"
Erwidert der Vater: „Keine Ahnung,
frag deinen Großvater."

Was halten Männer für ein exzessives Vorspiel?
Ein halbe Stunde betteln.

Eine Frau geht mit einer Urne
ins Bad und kippt die Asche in die Toilette.
Ihr Kommentar dazu:
„Er wollte eine Seebestattung,
wie er da hinkommt, ist seine Sache."

Er zu seiner Freundin:
„Ich liebe dich ganz furchtbar …"
Darauf sie: „Das stimmt Liebling –
aber beim nächsten Mal zeige ich dir,
wie es richtig geht."

Manche Autofahrer sind
so langsam unterwegs, dass sie nicht
geblitzt werden, sondern gemalt.

In der Straßenbahn hält eine Frau
ein schreiendes Baby im Arm.
Ein älterer Herr neben ihr rückt
ein Stück weg und meint:
„Na, es wird doch nicht krank sein?
Hinterher steckt es mich noch an!"
Darauf die Mutter trocken:
„Das könnte nicht schaden,
es bekommt nämlich Zähne …"

Ein Rentner ist beim Arzt und zieht sich
nach der Untersuchung gerade
sein Hemd wieder an, da hört er
den Doktor telefonieren:
„Schatz, ich weiß, wo bald
eine Wohnung frei wird ..."

Was sagt ein Mann,
der bis zum Bauchnabel im Wasser steht?
„Das geht über meinen Verstand."

Was ist die Mehrzahl von Frau?
Putzkolonne.

In jedem Mann steckt
etwas Gutes.
Und sei es nur das
Küchenmesser ...

Fragt der kleine Julian: „Papa, was ist eigentlich ein Friedensangebot?" Antwortet der Gefragte: „Alles vom Rosenstrauß bis zum Cabrio ..."

Heiner hat ein schlechtes Zeugnis bekommen und sein Vater wäscht ihm ordentlich den Kopf. Nach der Standpauke fragt er nachdenklich: „Was meinst du, woran es liegt, Erbfaktor oder Umwelteinflüsse?"

CineBLACK
Im Winter keine Vorstellung

CineBLACK
Im Winter keine Vorstellung

31.02.2013 20:15 Uhr
Reihe: T   Platz: 0

CineBLACK
Im Winter keine Vorstellung

Zwei Blondinen wurden tot im Autokino aufgefunden. Sie wollten sich den Film „Im Winter keine Vorstellung" ansehen.

31.02.2013 20:15 Uhr
Reihe: T   Platz: 0

6 4 3 2 9 5 8 6

Ein Mann möchte seine Frau umbringen.
Er geht zur Apotheke und verlangt Zyankali.
Der Apotheker mustert ihn von oben bis
unten und meint: „Sie wissen aber schon,
dass ich Ihnen das so ohne Weiteres nicht ge-
ben darf?" Daraufhin holt der Mann
ein Foto seiner Frau hervor und legt es
auf die Theke. Der Apotheker wirft
einen Blick darauf und meint:
„Entschuldigung, ich wusste nicht,
dass Sie ein Rezept haben."

Woran erkennt man, dass ein Mann lügt?
Er atmet …

Was ist der Unterschied zwischen
einer Telefonzelle und der Politik?
Bei der Telefonzelle muss man
erst bezahlen und darf dann wählen,
bei der Politik darf man erst wählen
und muss dann zahlen.

Der Richter zum Angeklagten:
„Ihre Frau verzeiht Ihnen und will es
noch einmal mit Ihnen versuchen ...“
Seufzt der Angeklagte: „Na gut,
ich nehme die Strafe an.“

Was macht die kluge Hausfrau,
wenn der Mann beim Kartoffelholen
die Kellertreppe hinunterfällt und sich
das Genick bricht? Nudeln!

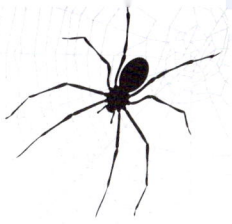

Der Bankier zum Verlobten seiner Tochter:
„Würden Sie meine Tochter
auch dann heiraten, wenn sie
kein Geld hätte?" „Selbstverständlich!",
antwortet dieser inbrünstig.
„Dann wird nichts aus der Hochzeit.
Dummköpfe können wir in unserer Familie
nicht gebrauchen."

Der Ehemann zu seiner Frau,
die gerade zur Tür hereinkommt:
„Hast du den Wagen in die Garage gefahren?"
Erwidert sie: „Teilweise."

Erkundigt sich der Arzt bei seinem
Patienten: „Mussten Sie lange warten?"
Darauf der Patient: „Es ging.
Ich habe in der Zeit die 7248 Punkte
auf Ihrer Tapete bewundert."

Wie spaltet man ein Atom?
Man gibt es einer Frau und sagt,
sie soll es nicht kaputtmachen.

Verträumt betrachtet der Ehemann
seine Frau und fragt: „Liebling,
glaubst du eigentlich an Liebe
auf den ersten Blick?" Darauf sie:
„Natürlich. Hätte ich dich
ein zweites Mal angeschaut,
wären wir heute nicht verheiratet."

Ein Ehepaar sitzt im Wohnzimmer und liest. Überrascht blickt sie von ihrem Gedichtband auf und sagt zu ihrem Mann:
„Du, da hat ein gewisser Rilke das Gedicht geklaut, das du vor 18 Jahren persönlich für mich verfasst hast."

Was muss eine Frau tun, um einen entzückenden kleinen Nerz zu bekommen? Dasselbe, was ein Nerz-Weibchen tun muss, um einen entzückenden kleinen Nerz zu bekommen.

Die Frau steht vor dem Spiegel und fragt ihren Mann: „Was, findest du, ist das Schönste an mir – mein Gesicht oder mein Körper?" Erwidert er:
„Dein Sinn für Humor ..."

Was ist der Unterschied zwischen einer
Zigarre und einer Schwiegermutter?
Bei der Zigarre sind die ersten Züge
die besten, bei der Schwiegermutter die letzten.

Gott erschuf den Mann und sah,
dass es gut war. Dann erschuf Gott die Frau.
Als er jedoch sah, was er getan hatte,
sorgte er für Tabak und Alkohol.

Zwei Freundinnen unterhalten sich.
Meint die eine: „Dein Freund stottert ja."
Darauf die andere: „Das macht nichts,
nach der Hochzeit hat er sowieso
nichts mehr zu sagen."

Was macht eine Frau,
wenn sie ein leeres Blatt Papier anstarrt?
Sie liest ihre Rechte durch ...

Nach der Einführung des Euro
steht die gute alte D-Mark
vor der Himmelspforte. Petrus öffnet,
lässt die Münzen, die 5-, 10- und
die 20-Mark-Scheine herein und
schließt das Tor wieder. Daraufhin
beschweren sich die 50-, 100-, 500- und
1000-Mark-Scheine bitterlich bei Petrus.
Dieser erwidert: „Tut mir leid, aber euch
habe ich nie in der Kirche gesehen ...‟

Was erhält man, wenn man einen Klempner
mit einer Prostituierten kreuzt?
Einen Handwerker, der wenigstens
vorgibt, zu kommen.

„*N*ehmt ihr noch Müll mit?",
ruft eine Frau im Bademantel
und mit Lockenwicklern im Haar
den Müllmännern vom Fenster aus zu,
als diese gerade die Tonnen leeren.
„Na klar", ruft der Fahrer zurück,
„spring einfach hinten rein!"

*M*eint die Wirtin beim Frühstück
zu ihrem Gast: „Sieht nach Regen aus."
Darauf der Gast: „Ja, aber man merkt,
dass es Kaffee sein soll …"

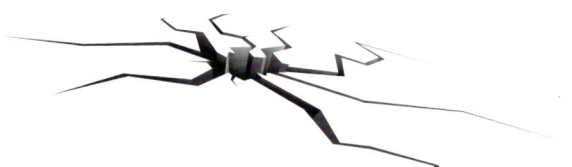

„Können Sie auch kochen?", fragt die
neureiche Frau Günther die Bewerberin,
die sich als Haushälterin bei ihr vorstellt.
„Jawohl, gnädige Frau. Auf beiderlei Art."
„Was soll denn das heißen?",
will Frau Günther wissen.
„Je nachdem, ob die Gäste
wiederkommen sollen oder nicht …"

Mitarbeiter in einem geheimen
Forschungslabor haben den Mann
weiterentwickelt und perfektioniert.
Herausgekommen ist eine vibrierende
Kreditkarte, die den Müll runterträgt.

Was ist der Unterschied zwischen
einem evangelischen und einem
katholischen Pfarrer? Beim evangelischen
hängt die Kinderwäsche im eigenen Garten,
beim katholischen in der ganzen Gemeinde.

Wie nennt man einen Mann
mit einem IQ von 180? Ein Dorf.

Eine ältere Dame entdeckt in der
Zoohandlung einen Papagei und fragt:
„Na, du bunter Vogel,
kannst du auch sprechen?"
Darauf der Papagei: „Na, du alte Krähe,
kannst du auch fliegen?"

Frau Fischer liegt auf dem Sterbebett:
„Solltest du noch einmal heiraten,
versprich mir, dass deine neue Frau
nie meinen Verlobungsring mit
den Brillanten tragen wird."
Darauf der Ehemann, der bei ihr Wache hält:
„Aber natürlich. Erstens bist du
bald wieder gesund und zweitens
hat sie viel kräftigere Hände ..."

Was machen Kannibalen aus Medizinern?
Hot Docs.

Auf dem Weg zum Trauerhaus stolpert
der Bestatter und lässt die Urne fallen,
sodass sich die Asche in alle Winde zerstreut.
In seiner Not füllt der Bestatter die Urne
mit der Asche aus einem nahe stehenden
Mülleimer und verschließt sie wieder.
Als die Witwe die Urne öffnet, murmelt sie
betrübt: „Das ist also alles,
was von meinem geliebten Mann
übrig geblieben ist. Ein Häufchen Asche
und die Eierschalen."

Warum ist die Aussage
„Für die einen ist es
Windows, für die anderen
das größte Virus der Welt"
inhaltlich nicht korrekt?
Ein **Virus** arbeitet zuverlässig.

Für einen Werbespot werden drei Katzen gecastet, die eine neue Sorte Trockenfutter testen sollen. Die erste Katze gehört einem Architekten, die zweite einem Chemiker und die dritte einem Designer. Alle drei sitzen vor ihren vollen Futternäpfen. Die Katze des Architekten nimmt einige Stücke des Trockenfutters, baut damit ein Haus und zäunt es mit weiteren Stücken ein. Als sie fertig ist, bewundert sie ihr Werk und frisst es auf. Die Katze des Chemikers nimmt einige Futterstückchen, zerkleinert sie, gibt sie in ein Reagenzglas und löst das Ganze unter ständigem Rühren auf. Schließlich untersucht sie die Lösung und trinkt das Glas aus. Die Katze des Designers nimmt das Trockenfutter, zermahlt es zu Pulver und zieht sich den Stoff mit einem Strohhalm durch die Nase. Dann vögelt sie die beiden anderen Katzen und schreit: „So kann ich nicht arbeiten!!!"

Was ist der kürzeste Witz der Welt?
Ein Mann denkt.

Zwei Männer stehen an der
Himmelspforte und begehren Einlass.
Petrus öffnet und fragt den ersten:
„Warst du im Fegefeuer?"
Darauf der Gefragte: „Nein, aber ich war
40 Jahre verheiratet."
„In Ordnung, du darfst eintreten."
Dann wendet sich Petrus dem zweiten zu:
„Und was ist mit dir?" „Ich war sogar
zwei Mal verheiratet", berichtet dieser.
Darauf Petrus grinsend: „Dir bleibt
der Himmel leider verschlossen,
Unglückliche dürfen eintreten, Dummköpfe
müssen draußen bleiben."

Fragt ein Mann in der Weinhandlung:
„Welchen Wein können Sie mir denn
für unsere Silberhochzeit empfehlen?"
Antwortet der Verkäufer:
„Das kommt darauf an,
ob Sie feiern oder vergessen wollen ..."

Ein Mann liest Zeitung:
„Wusstest du eigentlich, dass
statistisch gesehen bei jedem Atemzug,
den ich mache, ein Mensch stirbt?"
Darauf seine Frau: „Hast du es schon
einmal mit Mundwasser versucht?"

Fragt ein Mann seinen Nachbarn:
„Warum ziehst du eigentlich immer
die Rollläden hoch, wenn deine Frau singt?"
Antwortet dieser: „Damit niemand denkt,
ich würde sie schlagen."

Warum kochen Männer nicht?
Es wurde noch kein Steak erfunden,
das in den Toaster passt.

Warum haben so viele
ältere Männer einen Bierbauch?
Damit der arbeitslose Zwerg
wenigstens ein Dach
über dem Kopf hat.

Der Arzt mit besorgter Miene zum
Patienten: „Sie müssen unbedingt
weniger Alkohol trinken. Ihre letzte
Blutprobe hat sich verflüchtigt,
ehe ich sie untersuchen konnte."

„**M**undet der Wein?", erkundigt sich
der Kellner bei einem Gast.
„Nun ja", meint dieser, „mit
etwas Öl und Salat wäre er sicher
nicht schlecht ..."

Warum essen Blondinen keine Bananen?
Sie finden den Reißverschluss nicht.

Der Pfarrer von seiner Kanzel zur Gemeinde:
„Kommen wir nun zur Kollekte.
Knöpfe habe ich mittlerweile zur Genüge.
Darf ich heute vielleicht um Nadel
und Faden bitten?"

Ein Ehepaar spaziert über eine Brücke.
Fragt sie: „Liebling, wenn ich
ins Wasser fiele, würdest du mich retten?"
Darauf er: „Wenn ich Ja sage,
würdest du springen?"

Welches sind die letzten Worte
eines Fahrlehrers?
„Nun versuchen Sie es mal allein …"

Warum frisst die Gottesanbeterin
das Männchen während der Begattung?
Um das Schnarchen zu beenden,
bevor es angefangen hat.

„**S**ie müssen beim Ausfüllen des
Totenscheins mehr Sorgfalt walten lassen",
ermahnt der Chefarzt den jungen Kollegen.
„Sie haben in der Spalte ‚Todesursache'
schon wieder Ihren Namen angegeben."

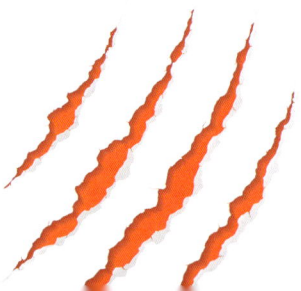

Moses steigt vom Berg Sinai herab
und verkündet: „Ich habe eine gute
und eine schlechte Nachricht. Die gute:
Ich habe ihn auf zehn Gebote
runterhandeln können. Die schlechte:
Ehebruch ist immer noch dabei."

Woran erkennt man, dass
eine Frau Strumpfhosen trägt?
Wenn sich beim Furzen die Waden aufblähen.

Was hört man, wenn man sich
einen Döner ans Ohr hält?
Das Schweigen der Lämmer.

Was ist der Unterschied zwischen
einer Frau und einem Tumor?
Der Tumor kann auch gutartig sein.

Begegnen sich zwei Frauen in der Oper.
Meint die eine schnippisch:
„Ihr Kleid ist ja entzückend – aber das
habe ich Ihnen ja schon letztes Jahr gesagt."

Er zu seiner Freundin:
„Willst du meine Frau werden?"
Darauf sie: „Fällt dir nichts Besseres ein?"
„Doch, aber die wollen alle nicht."

Gott schuf den Mann,
den Rest erledigte sein Azubi.

Warum finden Männer Frauen in Lack,
Leder und Gummi so erregend?
Sie riechen wie ein neues Auto.

Unterhalten sich zwei Männer.
Meint der eine: „Ich bin seit
einigen Monaten Schriftsteller.‟
Erkundigt sich der andere interessiert:
„Und haben Sie schon was verkauft?‟
„Ja, mein Haus, mein Auto und
letzte Woche meinen Computer.‟

„**K**önnen Sie mir helfen?‟, erkundigt sich
die Patientin beim Schönheitschirurgen.
Dieser mustert sie kurz und antwortet dann:
„Tut mir leid, aber Enthauptungen
sind nicht mein Metier.‟

Das größte Problem eines Mannes?
Sein Gleichwertigkeitskomplex.

Was denkt eine Frau nach 20 Ehejahren,
wenn sie morgens in den Spiegel schaut?
„Das gönne ich ihm!"

„Ich glaube, im Bier sind weibliche Hormone",
meint ein Typ an der Bar zu seinem Kumpel.
„Wie kommst du denn darauf?", will dieser
wissen. „Immer wenn ich zu viel davon trinke,
kann ich nicht mehr Auto fahren ..."

Warum lacht heute kaum noch
jemand über Blondinenwitze?
Weil alle Frauen gleich sind.

Ein Mann läuft zur Zeit der
Französischen Revolution durch
die Straßen von Paris und ruft:
„Menstruation, Menstruation!"
Darauf spricht ihn ein anderer an:
„Du irrst dich, Bürger, es heißt ‚Revolution'."
„Egal, Hauptsache, es fließt Blut!"

Ein älterer Herr zu seinem Penis:
„Wir wurden zusammen geboren,
sind zusammen aufgewachsen,
haben zusammen gespielt, sogar geheiratet.
Warum stirbst du vor mir?"

Wie nennt man es, wenn ein Beamter
beerdigt wird? Er wird umgebettet.

Was ist der Unterschied zwischen
einer Kaffeemaschine und einer Oma?
Die Kaffeemaschine kann man entkalken.

Ein Deutscher, ein Russe und
ein Muslim sitzen in einem Flugzeug.
Als die Stewardess den Deutschen fragt,
was er trinken möchte, erwidert dieser:
„Ein Bier, bitte." Als Nächstes fragt
die Stewardess den Russen nach
seinem Getränkewunsch, worauf dieser
antwortet: „Wodka." Als sie sich darauf
dem Islamisten zuwendet, erklärt dieser:
„Für mich bitte nur Wasser,
ich muss gleich noch ans Steuer."

In der Mensa setzt sich ein Student
ungefragt zu seinem Professor an den Tisch.
Darauf der Professor verärgert:
„Also seit wann essen denn Adler
und Schweine am gleichen Tisch?"
Meint der Student achselzuckend:
„Na, dann flieg ich eben zum nächsten Tisch."

*B*ernd erkundigt sich bei seinem Freund:
„Wie ist denn der Streit mit
deiner Frau neulich ausgegangen?"
„Prima", antwortet dieser, „auf allen
vieren kam sie angekrochen."
„Und was hat sie gesagt?"
„Komm sofort unter dem Bett vor,
du Feigling!"

*D*er frisch verheiratete Mann findet
seine Frau in Tränen aufgelöst.
„Was ist denn passiert?", fragt er besorgt.
„Ich wollte dir Kekse backen und
der Hund hat alle gefressen",
schluchzt sie. Darauf der Mann:
„Mach dir keine Sorgen, der Hund
war sowieso schon sehr alt ..."

*E*ine alte Dame geht am Strand spazieren.
Als sie den kleinen Julian trifft, fragt sie:
„Werden hier denn eigentlich
viele Wracks angeschwemmt?"
Antwortet dieser:
„Nein, Sie sind das erste ..."

„*S*ie müssen unbedingt in die Klinik
und sich operieren lassen",
erklärt der Arzt seinem Patienten.
„Möchten Sie erster oder zweiter Klasse liegen?"
„Was ist denn der Unterschied?",
erkundigt sich der Patient.
„In der ersten Klasse gibt es die neuesten
Instrumente und die ältesten OP-Schwestern",
erläutert der Arzt. „In der zweiten
ist es genau umgekehrt."

*E*r zu seiner Frau: „Schatz,
ich mache dich zur glücklichsten
Frau der Welt." Darauf sie:
„Ich werde dich vermissen."

Was versteht ein Mann darunter,
bei der Hausarbeit zu helfen?
Er hebt die Beine an, damit die Frau
besser darunter saugen kann.

Die Wahrsagerin entsetzt zu ihrem Kunden:
„Ich sehe Schreckliches in Ihren Handlinien.
Man wird Sie töten, kochen und essen …"
„Augenblick", unterbricht der Kunde,
„ich ziehe nur schnell meine
Schweinslederhandschuhe aus."

Der Patient zu seinem Arzt:
„Können Sie meine Schlaflosigkeit heilen?"
„Aber natürlich, wir müssen nur
den tieferen Grund dafür beseitigen."
„Das wird schwierig werden, denn
meine Frau hängt sehr an dem Baby."

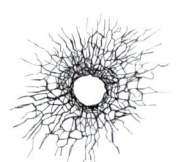

Was war Jesus von Beruf?
Student – er wohnte mit 30 noch
bei seinen Eltern, hatte lange Haare,
und wenn er etwas tat, war es ein Wunder ...

Die Mutter droht ihrem Sohn:
„Wenn du dich weiter so aufführst,
kommst du ins Internat. Da wirst du
dann schon lernen, dich vernünftig
zu benehmen." Darauf der Gescholtene:
„Und warum kann ich das
nicht zu Hause lernen?"

Unterhalten sich zwei Freunde.
Meint der eine: „Du, ich habe vorhin
eine Prostituierte getroffen, die gemeint hat,
für 20 Euro würde sie alles machen.
Und jetzt rate mal, wer eine
aufgeräumte Wohnung hat ..."

Ein Spanier ist zu Besuch in Berlin.
Bei einem Stadtbummel kommt er
an einem brennenden Haus vorbei.
Aus dem Fenster im dritten Stock schreit
eine Frau um Hilfe. Ohne zu zögern,
zieht der Spanier seine Jacke aus,
stellt sich unter das Fenster und
zeigt der Frau an, zu springen.
In ihrer Verzweiflung springt die Frau,
doch im letzten Moment zieht der Spanier
die Jacke weg und ruft: „Olé!"

Was haben sechzigjährige Frauen
zwischen den Brüsten, was
zwanzigjährige Mädchen nicht haben?
Einen Bauchnabel.

Was sagt man, wenn ein Spanner
gestorben ist? Der ist weg vom Fenster.

Treffen sich zwei Freunde. Erkundigt sich
der eine: „Na, wie fühlt man sich
denn so als junger Ehemann?"
Seufzt der andere: „Immer jünger –
jetzt rauche ich schon wieder
heimlich auf der Toilette."

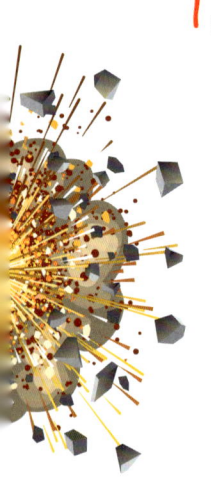

Dann schuf Gott diese eine Stelle
am Rücken, an die man selbst
nicht rankommt, und ließ sie jucken.
Und er sah, dass es witzig war …

Warum tragen Blondinen Schlüpfer?
Um die Knöchel warm zu halten.

Warum lächeln die Chinesen
die Westdeutschen immer an?
Weil sie ihre Mauer noch haben.

„**I**st Ihr Auto schon oft überholt worden?",
erkundigt sich der Mechaniker bei
der betagten Fahrerin. Diese berichtet:
„Ja, sogar schon von Fußgängern."

Es würden viel mehr Männer
von zu Hause abhauen, wenn sie nur wüssten,
wie man Koffer packt ...

Eine frisch verheiratete Frau kommt zu
ihrer Mutter: „Wir hatten Streit und er hat
gesagt, ich solle mich zum Teufel scheren."
Darauf die Mutter erbost:
„Und da kommst du ausgerechnet zu mir?"

Was passiert, wenn man
eine Handgranate in die Küche wirft?
Nicht viel, das Chaos ist das gleiche,
nur das Gemeckere hört auf.

Immer mehr Rentner verschwinden
spurlos im Internet – sie haben auf
„alt" und „entfernen" gedrückt.

„Du, Papa", erkundigt sich
der kleine Lukas, „wie hieß eigentlich
die Schwiegermutter von Adam?"
Brummt der Vater: „Der hatte keine,
der lebte doch im Paradies."

„Liebling", ruft sie aus dem Wohnzimmer.
Da blickt er von seiner Zeitung auf
und fragt zurück: „Meinst du mich
oder den Hund?"

Ein Elefant trifft ein Kamel und fragt:
„Warum hast du denn die Brüste
auf dem Rücken?" Darauf das Kamel:
„Gewagte Frage für einen,
der seinen Schwanz im Gesicht trägt ..."

„Mutti", fragt die kleine Bettina,
„ist dein Bauch so dick, weil da ein Baby
drin ist?" Lächelnd antwortet die Mutter:
„Ja, da ist dein kleines Schwesterchen drin."
„Hast du sie denn gern?", erkundigt sich
Bettina weiter. „Aber natürlich!",
erwidert die Mutter. „Und warum
hast du sie dann aufgegessen?"

Der Lehrer verzweifelt:
„Wenn alle durcheinanderreden,
kann ich mein eigenes Wort
nicht mehr verstehen."
Darauf eine Stimme aus der letzten Reihe:
„Da verpassen Sie nicht viel."

Der Hotelgast flirtet mit
dem Zimmermädchen: „Und morgen
möchte ich mit einem Kuss
geweckt werden ..."
Darauf sie: „Ist gut,
ich sag es dem Nachtportier."

Wie nennt man eine Frau,
die immer weiß, wo ihr Mann sich
gerade herumtreibt? Witwe.

Sie zu ihrem Freund: „Findest du nicht,
dass die Gurkenmaske Wunder gewirkt hat?"
Darauf er: „Gewiss, Schatz,
ich frage mich nur, warum du sie
wieder abgenommen hast."

In der Schnapsbrennerei kommt
ein Arbeiter in das Büro des Chefs gestürmt:
„Chef, Heinrich ist in den Kessel
mit Gin gestürzt und ertrunken!"
Darauf der Chef bestürzt: „Oh mein Gott,
was für ein grässlicher Tod ..."
Erwidert der Arbeiter: „Das glaube ich nicht.
Er kam noch drei Mal hoch
und hat Oliven verlangt."

*E*ine alte Dame wird in der U-Bahn
kontrolliert: „Sie haben da
eine Kinderfahrkarte", stellt der
Kontrolleur fest. Erwidert die alte Dame:
„Da können Sie mal sehen, wie lange
ich auf diese U-Bahn gewartet habe."

*E*in junges Ehepaar beim Essen.
Sie: „Na, schmeckt es dir?"
Er: „Suchst du schon wieder Streit?"

Der Superior sieht eine Nonne
im Kreuzgang mit einem Kinderwagen
spazieren fahren. Meint er: „Na, Schwester,
ein kleines Klostergeheimnis?"
Darauf sie: „Nein, Hochwürden,
ein Kardinalfehler."

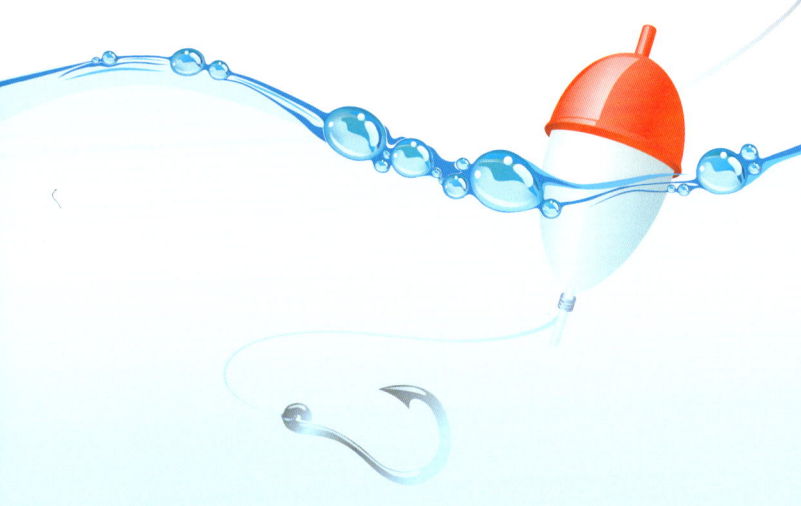

Zwei Priester fischen neben einer Straße. Als ein Auto vorbeifährt, halten sie ein Schild hoch, auf dem steht:

Das Ende ist nah. Kehr um, solange du noch kannst!

Wütend kurbelt der Fahrer das Fenster herunter und brüllt: „Verpisst euch, ihr fanatischen Spinner!" Nach zehn Sekunden hört man ein lautes Platschen. Da meint der eine Priester zum anderen: „Wir hätten wohl besser schreiben sollen:

Achtung, Brücke kaputt!"

Zwei Kinder kommen atemlos
in die Drogerie: „Unser Vater ist
in einen Bienenkorb gefallen."
Darauf die Verkäuferin: „Und jetzt
braucht ihr eine Salbe …"
Schütteln die Geschwister den Kopf:
„Nein, neue Batterien für die Kamera."

Sie haben es gut", meint der Arzt zum Maler,
„wenn bei Ihnen mal was schiefgeht,
brauchen Sie nur die Farbe abzukratzen."
„Na, dann haben Sie es noch besser",
kontert der Maler, „wenn bei Ihnen
mal was schiefgeht, übernehmen
die Kunden auch noch das Abkratzen."

Zwei Freunde unter sich. Meint der eine:
„Gestern habe ich meiner Frau aber
mal ordentlich die Meinung gesagt."
Erkundigt sich der andere:
„Und was hast du erreicht?"
„Mit Müh und Not die Tür …"

85 Prozent der Frauen finden
ihren Arsch zu dick, 10 Prozent zu dünn.
Nur 5 Prozent finden ihn
so, wie er ist, in Ordnung und sind froh,
dass sie ihn geheiratet haben.

Warum ist die katholische Kirche
gegen Kondome? Weil kleine Jungs
nicht schwanger werden können.

Warum sagt man nicht „der dumme Mann"?
Man sagt auch nicht „der runde Kreis".

Beklagt sich der Angestellte
bei seinem Vorgesetzten: „Boss,
mein Gehalt steht in keinem Verhältnis
zu meiner Leistung." Darauf der Chef:
„Ich weiß, aber wir können Sie doch
nicht verhungern lassen."

Zwei Nachbarn unterhalten sich
bei der Gartenarbeit. Meint der eine:
„Fürchten Sie denn nicht, dass Ihnen
die Vögel die ganze Saat wegfressen?
Vielleicht stellen Sie lieber eine
Vogelscheuche auf." Darauf der andere:
„Ich glaube nicht, dass das nötig ist,
meine Frau ist doch so oft im Garten."

Was haben Spielzeugeisenbahnen
und Brüste gemeinsam?
Beides ist für Kinder gedacht,
aber die Väter spielen damit ...

Ein Mann will bei einer Schweizer Bank
ein Konto eröffnen. „Wie viel wollen Sie
denn einzahlen?", fragt der Bankangestellte.
Flüstert der Kunde: „Zwei Millionen ..."
Beruhigt ihn der Angestellte: „Sie können
ruhig laut sprechen, in der Schweiz ist
Armut keine Schande."

„**W**ie geht es dir denn?", erkundigt
sich Ulf bei seinem Freund.
„Schlecht", erwidert dieser, „ich habe
das Umkehrschubsyndrom."
„Was soll das denn sein?" „Na ja,
wenn mir meine Frau früher oben
über die Haare gestreichelt hat,
hat sich unten alles aufgestellt.
Jetzt ist es genau umgekehrt."

Warum sind Frauen so kostbar?
Sie kosten Geld und Nerven.

Die UNO startet eine weltweite Umfrage:
„Was denken Sie, ganz ehrlich,
über das Fehlen von Nahrungsmitteln
im Rest der Welt?" Das Ergebnis:
Die Amerikaner wussten nicht,
was der Rest der Welt ist, Afrika nicht,
was Nahrungsmittel sind, Deutschland nicht,
was Fehlen ist, und Brasilien verstand
die Bedeutung von „ganz ehrlich" nicht.

Warum gibt es die Pille
für den Mann noch nicht?
Weil man für Ärsche normalerweise
Zäpfchen nimmt.

Kommt ein Mann in die Buchhandlung
und erkundigt sich: „Haben Sie vielleicht
das Buch ‚Der Mann ist Herr im Haus'?"
Antwortet die Verkäuferin: „Tut mir leid,
aber Märchenbücher führen wir nicht."

Die Grenze zwischen Himmel und Hölle
ist von Unbekannten beschädigt worden.
Der Teufel schickt folgende Nachricht
an die Engel: „Unsere Rechtsanwälte
hier unten sagen, dass der Himmel
für die Reparaturkosten aufkommen muss."
Die Engel antworten: „Müssen wir wohl,
da wir hier oben keinen Juristen
finden konnten."

Zärtlich weckt Thomas
seine Frau mitten in der Nacht.
Sie murmelt: „Dafür weckst du mich?
Du weißt doch, wo alles ist."

Was hat vier Beine und einen Arm?
Ein Pitbull, der vom Spielplatz kommt.

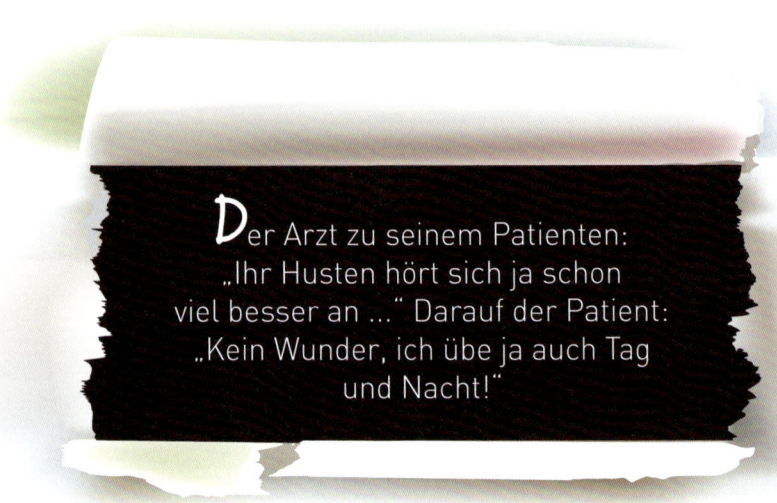

Der Arzt zu seinem Patienten:
„Ihr Husten hört sich ja schon
viel besser an ..." Darauf der Patient:
„Kein Wunder, ich übe ja auch Tag
und Nacht!"

Woran stirbt der intelligente Gedanke
eines Mannes? An Einsamkeit.

Unterhalten sich zwei gute Bekannte.
Fragt der eine: „Warum bist du eigentlich
ausgerechnet Arzt für Haut- und
Geschlechtskrankheiten geworden?"
Antwortet der andere: „Die Patienten
rufen einen nicht mitten in der Nacht an
und sie sterben in der Regel nicht
an ihren Krankheiten, werden aber auch
nicht zu schnell wieder gesund."

Der Chefarzt bespricht sich bei der
Visite mit seinen Kollegen – auf Lateinisch.
Daraufhin der Patient erbost:
„Können Sie nicht so reden,
dass unsereins auch etwas versteht?"
Antwortet der Chefarzt: „Wissen Sie,
das ist eine gute Übung für Sie,
denn Sie sollten sich schon mal
an eine tote Sprache gewöhnen."

Warum hat Gott zuerst den Mann erschaffen?
Weil Künstler immer erst eine Skizze
anfertigen, bevor sie dann mit dem
Meisterwerk beginnen.

Warum können Frauen
keine Schornsteinfeger werden?
Weil sie kein Glück bringen.

Warum muss Rapunzel blond gewesen sein?
Alle anderen wären einfach zur Tür
hinausgegangen oder hätten
den Schlüssel hinuntergeworfen.

„**W**ie viele Haustiere hat du eigentlich?",
fragt eine Freundin die andere.
Diese überlegt kurz: „Also …
einen Nerz im Schrank, einen Jaguar
vor dem Haus, einen Hengst im Bett
und einen Esel, der alles bezahlt."

Was ist der
Unterschied
zwischen
einem Joghurt
und einem
Amerikaner?
Der Joghurt
entwickelt eine
eigene Kultur.

Was macht eine
Blondine am Theater?
Sie verteilt die Rollen –
auf jede Toilette eine.

Warum gibt es in
katholischen Kirchen
keine Toiletten?
Damit auch wirklich
niemand austreten kann.

*D*ie Ehefrau ruft aus der Küche:
„Schatz, komm nörgeln,
das Essen ist fertig!"

*W*arum dauert eine
Psychoanalyse
bei Frauen länger als bei Männern?
Wenn es darum geht, sich
in die Kindheit zurückzuversetzen,
sind die meisten Männer schon da …

*W*as macht ein Holländer,
nachdem die Niederlande die
Fußballweltmeisterschaft gewonnen haben?
Er schaltet die Playstation aus.

*U*nterhalten sich zwei Väter: „Meinst du,
ich sollte mit meinem 13-jährigen Sohn
schon über Sex reden?" „Klar, man kann
immer noch was dazulernen."

Wie kann man feststellen, ob
auf einem Computer Windows installiert ist,
ohne ihn einzuschalten? Man prüft,
ob die Aufschrift auf der Reset-Taste
noch lesbar ist ...

Unterhalten sich zwei Freunde:
„Meine Frau und ich waren 20 Jahre
lang glückliche Menschen ...″
„Und was ist dann passiert?″,
erkundigt sich der andere.
„Dann haben wir uns kennengelernt.″

Ein Mann kommt zur Polizei und erklärt:
„Ich möchte ein Geständnis ablegen.
Ich habe meine Frau geamselt.″
„Sie meinen wohl gevögelt″, erwidert
der Polizist. „Aber das ist kein Fall
für die Polizei ...″ „Nein, das war's nicht.
Aber ganz ähnlich ... Ach ja: erdrosselt!″

Die kleine Katja
will einfach nicht
einschlafen. Meint
die Mutter zu ihrem
Mann: „Soll ich ihr
etwas vorsingen?"
Erwidert er bittend:
„Versuch es doch
erst noch einmal
im Guten."

Sie zu ihrem Freund: „Ich geh jetzt
ins Fitnessstudio und mach
Bauch-Beine-Po." Darauf er:
„Aber davon hast du doch schon genug,
mach lieber mal Titten."

Fragt der 14-jährige Sohn seinen Vater:
„Papa, kann ich mal deine Taschenlampe
haben?" Möchte der Vater wissen:
„Wozu denn?" „Ich treffe mich mit
meinen Freunden und einigen Mädchen
im Park, um ein bisschen rumzuknutschen."
Meint der Vater versonnen:
„Also zu meiner Zeit konnten wir das
auch im Dunkeln." Darauf der Sohn:
„Ja, so sieht Mama auch aus."

Ein Arzt lässt sich ein Haus bauen.
Als der Keller fertig ist, schütten
die Bauarbeiter Erde auf und verdichten sie.
Da meint der Arzt: „Na, da wird jetzt
wohl der Pfusch mit Erde zugedeckt."
Antwortet ein Bauarbeiter schlagfertig:
„Das haben unsere Berufe ja gemeinsam."

Nach der Untersuchung erkundigt sich
der Arzt bei seinem Patienten:
„Worauf könnten Sie eher verzichten,
auf den Wein oder die Frauen?"
Darauf der Gefragte: „Das kommt
auf den Jahrgang an ..."

„Du vernachlässigst mich", beklagt sich
die Frau bei ihrem Ehemann.
„Früher hast du mich wenigstens
ab und zu mal am Kinn gekrault."
Meint er achselzuckend:
„Da hattest du ja auch nur eins."

Ein Mann kommt morgens
betrunken nach Hause. Im Flur
steht seine Frau, wütend und mit einem Besen
in der Hand. Erstaunt fragt er:
„Bist du beim Putzen oder fliegst du weg?"

Wie nennt man die überflüssige Haut
am Penis? Mann.

Was sagt ein arbeitsloser Akademiker
zu einem berufstätigen Akademiker?
„Einmal Currywurst mit Pommes, bitte."

Das Jubelpaar wird von einem
Reporter der Lokalzeitung interviewt:
„Sie sind jetzt seit 30 Jahren glücklich
verheiratet. Verraten Sie uns Ihr
Rezept für die Ehe?" „Ganz einfach",
antwortet der Ehemann. „Zweimal
in der Woche gehen wir aus, genießen
ein romantisches Essen bei Kerzenschein,
tanzen ein wenig und verbringen
anschließend eine heiße Nacht im Hotel."
„Und wann finden Sie die Zeit dazu?",
fragt der Reporter weiter. „Meine Frau
montags und ich donnerstags."

Warum haben Frauen über 50
nicht mehr ihre Tage?
Weil sie das Blut für die
Krampfadern brauchen.

Wenn der Wirt behauptet,
man hätte ein edles Tröpfchen im Glas,
sollte man ihn fragen, worum es sich
bei dem Rest handelt ...

„**B**ringen Sie mir einen neuen Teller",
verlangt die vollschlanke Kundin
der Schönheitsfarm, „dieser hier
ist ganz nass." „Sie irren sich",
antwortet der Kellner, „das ist die Suppe."

Fragt die kleine Tochter neugierig:
„Sag mal, Papi, warum hast du
eigentlich Mami geheiratet?"
Darauf der Vater an seine Frau gewandt:
„Siehst du, die Kinder verstehen es auch nicht."

Er zu seiner Freundin: „Hast du auch mit anderen Männern geschlafen?"
Sie: „Nein, Schatz, ich habe nur mit dir geschlafen. Bei den anderen war ich wach."

Ein Kunde verlangt in der Zoohandlung 10 Ratten. Der Verkäufer sieht ihn verwundert an und erkundigt sich:
„Wozu brauchen Sie denn so viele Ratten?"
Darauf der Kunde: „Ich habe meinen Mietvertrag gekündigt und muss die Wohnung so verlassen, wie ich sie vorgefunden habe."

„Wo ist eigentlich der nervige Nachbar
geblieben, von dem du mir erzählt hast?
Ich sehe ihn gar nicht mehr."
„Der ist im Garten."
„Wo denn?"
„Also man muss schon
ein bisschen graben."

Was wäre, wenn sich die Erde 30-mal
schneller drehen würde,
als sie es jetzt tut?
Man bekäme jeden Tag
sein Gehalt überwiesen
und die Frauen würden alle verbluten.

Zwei Pfarrer treffen sich. Der eine klagt:
„Schlechte Zeiten, keine Hochzeiten
und keine Bestattungen mehr …"
„Stimmt", meint der andere, „und wenn
man nicht ab und zu unter Leute ginge,
gäbe es auch keine Taufen mehr."

Handys sind das Einzige,
bei denen Männer sich darüber streiten,
wer das kleinere hat.

Wie praktizieren Männer Safer Sex?
Sie treffen sich mindestens 50 Kilometer von
ihrem Wohnort entfernt mit ihrer Geliebten.

Unterhalten sich zwei Freundinnen.
Fragt die eine: „Würdest du eigentlich
auch einen Witwer heiraten?"
Erwidert die andere: „Nein,
auf gar keinen Fall. Ich möchte
mir meinen selbst zähmen."

Wie nennen die Amerikaner
die Clinton-Ära?
Sex between the Bushes.

Erkundigt sich eine alte Dame beim Friedhofswärter: „Wo bitte ist Reihe 8 Grab 48?" Darauf der Gefragte: „Das hab ich gern, sich erst heimlich davonstehlen und dann nicht mehr nach Hause finden!"

Warum hat Mexiko keine Olympiamannschaft?
Weil jeder Mexikaner, der laufen, springen und
schwimmen kann, schon über der Grenze ist.

Warum haben Frauen eine höhere
Lebenserwartung als Männer?
Weil Gott ihnen die Zeit gutschreibt,
die sie zum Einparken brauchen.

Der Vater wirft einen Blick in seinen
Geldbeutel und sieht dann forschend
von seiner Frau zu seinem Sohn.
„Der Junge hat Geld aus
meinem Portemonnaie genommen",
sagt er schließlich vorwurfsvoll.
„Wie kannst du das wissen", widerspricht
seine Frau, „ich könnte es genauso
genommen haben." Der Vater schüttelt
den Kopf: „Ausgeschlossen,
es ist nämlich noch etwas drin."

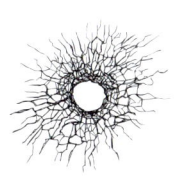

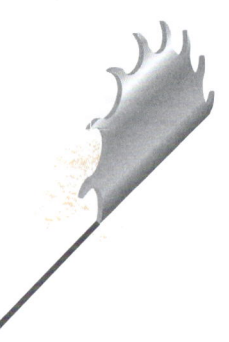

Warum kann man Politiker nicht auf BSE testen? Weil man dazu Proben von Gehirn und Rückgrat benötigt ...

Was ist der Unterschied zwischen Männern und Schweinen? Schweine verwandeln sich nicht in Männer, wenn sie betrunken sind.

*D*er Fußballtrainer
zum Spieler:
„Mit Ihrer breiten
Brust sind Sie genau
der Richtige für unser
Team." Darauf der
Spieler: „Ist es denn
nicht wichtig, dass ich
auch gut spielen kann?"
„Nein, Hauptsache, die Werbefläche
ist groß genug."

*D*ie Familie Bäumler ist auf eine
große Hochzeit eingeladen. Die kleine
Isabella beobachtet aufmerksam die Gäste
und das ausgelassene Treiben.
Nach einer Weile zupft sie ihren Vater
am Ärmel und fragt: „Du, Papa,
wer bezahlt das eigentlich alles?"
„Die Eltern der Braut", antwortet der Vater.
Darauf Isabella: „Ach, deshalb haben sie
vorhin in der Kirche so geweint."

Meint der Arzt zur jungen blonden Krankenschwester: „Bitte gehen Sie doch ab und zu am Bett dieses Patienten vorbei. Er braucht etwas mehr Lebenswillen."

Jörg bekommt Post vom Finanzamt. Darin heißt es: „Wir vermissen die Angaben bezüglich der Einkünfte Ihrer Frau." Darauf schreibt Jörg zurück: „Ich auch, meine Herren, ich auch."

„Wie sind meine Chancen?", möchte der Patient wissen. Darauf der Arzt: „Ach wissen Sie, ich mache diese Operation nun schon zum 92. Mal ..." „Na dann bin ich ja beruhigt." „Eben, einmal muss es ja gut gehen!"

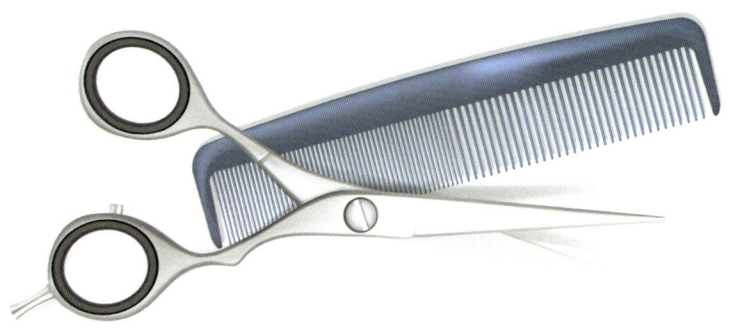

„Finden Sie es nicht ungerecht,
so viel Geld fürs Haareschneiden
von mir zu verlangen?", fragt der
Kahlköpfige den Friseur. „Das ist nicht
fürs Schneiden, das ist der Finderlohn."

Der Vater versucht, seinen seit Kurzem
verheirateten Sohn zu trösten:
„Alle jungen Ehepaare streiten sich
von Zeit zu Zeit. Auch deine Mutter
und ich hatten einige ernsthafte
Meinungsverschiedenheiten,
bevor wir erkannt haben,
dass ich grundsätzlich im Irrtum bin."

Wenn Männer Frauen auf den
Hintern schauen, denken sie:
„Boah, was für ein Arsch!"
Frauen tun das auch, nur schauen sie
den Männern dabei ins Gesicht.

Der Staubsaugervertreter klingelt
an der Tür. Als eine ältere Dame öffnet,
fragt er höflich: „Guten Tag, meine Dame,
darf Ihnen vielleicht einmal unseren
Kobold zeigen?" Darauf die Dame entrüstet:
„Einen Knopf und ich rufe die Polizei!"

Die wohlbeleibte Ehefrau hat sich
knallenge Leggins gekauft, die sie
zu Hause stolz ihrem Mann präsentiert:
„Das Modell heißt ‚Capri'.
Wie findest du es, Schatzi?"
Der Gefragte holt tief Luft und
meint schließlich: „Capri ist eine Insel,
Liebling, und kein Erdteil."

Was ist das Schlimmste,
das einer Fledermaus beim Schlafen
passieren kann? Durchfall.

Warum haben Männer O-Beine?
Unwichtiges wird in Klammern gesetzt.

Merkel, Westerwelle und Seehofer
machen eine Bootspartie. Plötzlich
kentert das Boot. Wer wird gerettet?
Deutschland!

Der Verkehrsrichter zum Angeklagten,
seinem früheren Deutschlehrer:
„Auf diesen Augenblick warte ich seit
20 Jahren. Jetzt stellen Sie sich
in die Ecke und schreiben hundertmal:
‚Ich darf nicht bei Rot über die Straße gehen'."

Warum kommen nur 10 Prozent
der Männer in den Himmel?
Wären es mehr,
wäre es die Hölle ...

Welches sind die fünf dünnsten
Bücher der Welt?
„Die größten schottischen Auslandsinvestitionen",
„Deutscher Humor",
„Amerikanische Kulturgeschichte",
„Britische Kochkunst" und
„Italienische Heldensagen".

Ein Ölscheich möchte einen Picasso kaufen.
Verträumt erklärt er seinem Galeristen:
„Ich verehre Picasso. Keiner hat sein Öl
so teuer verkauft wie er."

Zum nächsten Spiel der
deutschen Fußballnationalmannschaft
der Männer kommt der Papst. Er reist immer
dorthin, wo Not und Elend am größten sind.

Die deutschen Universitäten richten jetzt Doktorklappen ein. Dort können Doktortitel anonym wieder abgegeben werden.

„Papa, was ist der Unterschied zwischen sparsam und geizig?", möchte der kleine Lars wissen. Darauf der Vater: „Also das ist so: Wenn ich mir einen billigen Mantel kaufe, dann bin ich sparsam. Kaufe ich deiner Mutter einen billigen Mantel, bin ich geizig ..."

Der Hochzeitsfotograf zur Hochzeitsgesellschaft: „Und jetzt ein Foto von dem glücklichen Paar – der Braut und ihrer Mutter."

„Mutti, sind Kalorienbomben
eigentlich gefährlich?", will die kleine
Luisa von ihrer Mutter wissen.
„Und ob", antwortet die Mutter. „Die können
ganze Reißverschlüsse sprengen."

Der Kunde zum Verkäufer:
„Auf dem Schild steht An- und Verkauf.
Was genau kaufen Sie denn?"
Antwortet der Verkäufer: „Altes Gerümpel."
„Und was verkaufen Sie?",
erkundigt sich der Kunde weiter.
Darauf der Verkäufer:
„Wertvolle Antiquitäten."

Ein älteres Ehepaar steht gemeinsam vor dem Himmelstor. Beschwert sich der Mann bei Petrus: „Es hat doch geheißen: ‚bis dass der Tod euch scheidet …'"

*D*er Papst stirbt und tritt vor
die Himmelspforte. Dort nimmt ihn Petrus
in Empfang und möchte wissen:
„Wer bist du?" „Ich bin der Papst",
antwortet der Gefragte. „Kenne ich nicht,
aber ich rede mal mit Gott." Darauf nimmt
er den Telefonhörer und wählt. „Hallo Chef",
sagt er, „hier ist einer, der sagt, er sei der
Papst. Schon mal von ihm gehört? Nicht?
Okay, ich frag beim Heiligen Geist nach ..."
Petrus wählt eine andere Nummer:
„Hier steht jemand an der Pforte und
behauptet, er sei der Papst. Kennst du den?"
Plötzlich ist am anderen Ende der Leitung
lautes Gebrüll zu hören: „Das ist der Kerl,
der diese schmutzigen Geschichten
über mich und Maria verbreitet. Der kommt
auf keinen Fall rein!!!"

Woran erkennt man eine gute Fee?
Sie verwandelt sich nach dem Sex
in einen Kasten Bier und zwei Kumpel.

Was ist der Unterschied zwischen
einem Mann und einem Hund?
Der Hund versaut dir nur den Teppich,
der Mann das ganze Leben.

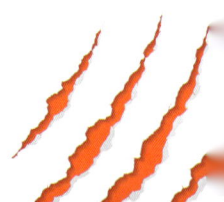

„Sie werden zu 500 Euro Geldstrafe
wegen Beamtenbeleidigung verurteilt",
schließt der Richter die Verhandlung.
„Möchten Sie dazu noch etwas sagen?"
Erwidert der Angeklagte: „Im Prinzip schon,
aber bei den Preisen verzichte ich lieber."

„Na, was hat denn deine Frau gesagt,
als du heute Morgen erst so spät
nach Hause gekommen bist?", erkundigt sich
Jürgen bei seinem Saufkumpan.
„Eigentlich gar nichts, sie hat nur
heftig den Kopf geschüttelt", meint dieser.
„Weiter nichts?", fragt Jürgen erstaunt nach.
„Nein, aber mein Genick tut jetzt noch weh."

„Findest du den Witz nicht gut?",
fragt Jürgen seinen Freund.
„Doch, als ich den das erste Mal gehört habe,
wäre ich vor Lachen fast
aus dem Kinderwagen gekippt."

Markus wird auf dem Weg zum Standesamt
von seinem besten Freund begleitet.
Meint dieser: „Sag mal, Markus, du bist
jetzt schon zwei Mal Witwer geworden,
aber immer wieder heiratest du
eine Schwester deiner ersten Frau.
Hast du die Familie so gern?"
„Von wegen, ausrotten will ich sie!"

Bei der Gerichtsverhandlung gegen
einen Exhibitionisten gelingt es
dem Angeklagten, sich zu entkleiden.
Daraufhin wendet sich die Richterin
an den Staatsanwalt: „Herr Kollege,
das Verfahren wird wegen Geringfügigkeit
eingestellt."

Eine Minute kann unterschiedlich lang sein –
je nachdem, auf welcher Seite
der Toilettentür man steht.

Die Lehrerin zu Richard:
„Nenne mir drei berühmte Männer, deren
Name mit B beginnt." Richard antwortet
wie aus der Pistole geschossen:
„Ballack, Beckenbauer, Breitner."
Darauf die Lehrerin: „Und wie sieht es
mit Bach, Brecht oder Brahms aus?"
Meint Richard achselzuckend:
„Ersatzspieler interessieren mich nicht."

Sie zu ihm: „Also gut, heute sollst du
bei unserem Streit einmal das letzte
Wort haben: Entschuldige dich sofort!"

Zwei Informatiker machen eine Spazierfahrt mit dem Auto. Plötzlich setzt der Motor aus. „Mist", schimpft der eine, „ein Fehler im Betriebssystem." Darauf der andere: „Komm, wir steigen aus, machen alle Türen auf und zu, vielleicht geht er dann wieder."

Warum täuschen so viele Frauen einen Orgasmus vor? Weil sie glauben, dass sich irgendjemand dafür interessiert.

Der Arzt wird zu einem Patienten gerufen. Nach der Untersuchung wendet er sich an die besorgte Ehefrau und meint: „Es tut mir leid, aber er ist tot." Daraufhin meldet sich der Totgesagte röchelnd: „Verzeihung, aber das stimmt nicht." „Sei nicht immer so vorlaut", herrscht da die Frau ihren Mann an. „Du wirst es doch wohl nicht besser wissen wollen als der Herr Doktor …"

Warum kommen Handwerker
nicht in den Himmel?
Weil sie die Anfahrt extra berechnen.

„**W**arum so trübsinnig?", erkundigt sich
Stefan bei seinem Kumpel. „Ach", seufzt der,
„ich wollte meinen Kummer ertränken,
aber ich konnte meine Frau einfach nicht
dazu bringen, ins Wasser zu gehen."

Sie zu ihm: „Und merke dir,
du kannst jederzeit durch eine
Geschirrspülmaschine ersetzt werden!"

Unterhalten sich zwei Freunde über
das vergangene Wochenende.
Erzählt der eine: „Ich wollte eigentlich
mit meinen Kindern einen Drachen
steigen lassen, aber meine Schwiegermutter
hat leider Höhenangst …"

Was haben Windows und
ein U-Boot gemeinsam?
Sobald man ein Fenster öffnet,
ist man geliefert.

Ein Arzt, ein Architekt und ein Rechtsanwalt streiten darüber, wer von ihnen den ältesten Beruf hat. „Gott schuf Eva, indem er eine Rippe von Adam nahm", erklärt der Arzt. „Also war er Chirurg, womit wir Ärzte den ältesten und damit ehrwürdigsten Beruf haben." Der Architekt hält dagegen: „Gott schuf die Welt aus dem Chaos. Entsprechend war er der erste Architekt – noch lange bevor er Eva erschaffen hat." Der Anwalt lächelt nur und entgegnet: „Und was glaubt ihr, wer das Chaos geschaffen hat?"

„Mutti, stimmt es, dass der liebe Gott uns das täglich Brot gibt?", möchte die kleine Tina wissen. „Ja, mein Kind", antwortet die Mutter. „Und der Storch bringt die Kinder?" „Auch das ist richtig." „Und das Christkind bringt die Geschenke?" „Genau." „Und das Geld holen wir von der Bank?" „Ja, so ist es." „Mutti, wofür brauchen wir dann eigentlich noch den Papa?"

Der Verurteilte soll auf dem
elektrischen Stuhl hingerichtet werden.
Befragt nach seinem letzten Wunsch
antwortet er: „Wenn der Staatsanwalt
während der Hinrichtung meine Hand halten
könnte, würde mir das viel bedeuten."

Eifrig plant Doris ihre Silberhochzeit:
„Schatz, wir sind fast 25 Jahre verheiratet.
Lass uns das ganz groß feiern."
Darauf er mürrisch: „Lass uns einfach
noch fünf Jahre warten, dann feiern
wir den Dreißigjährigen Krieg ..."

Zwei Freunde machen einen Ausflug
ans Meer. Meint der eine versonnen:
„Wenn man so am Strand des Meeres steht,
spürt man die ganze Nichtigkeit
der eigenen Existenz." Brummt der andere:
„Das Vergnügen habe ich auch zu Hause,
wenn meine Frau spricht."

Fragen die Eltern ihren Sohn:
„Möchtest du denn noch ein kleines
Brüderchen?" Darauf der Sohn:
„Nein, bis jetzt werde ich noch
ganz gut allein mit euch fertig."

Ein Schwerverbrecher soll
hingerichtet werden. Fragt der Geistliche:
„Soll ich Ihnen das Wort Gottes verkünden?"
„Nicht nötig, ich sehe Ihren Chef
ja gleich persönlich."

„**A**n diesem Bild kann ich mich
gar nicht sattsehen", sagt
der Besucher einer Ausstellung
zur Künstlerin. Darauf diese:
„Ich auch nicht, deshalb verkaufe ich es ja."

„**I**ch gebe dir jetzt mal einen guten Rat,
mein Kind", erklärt die Mutter ihrer Tochter.
„Heirate nur einen Soldaten. Der kann kochen,
Betten machen, aufräumen und hat gelernt,
Befehle auszuführen."

Bigamie bedeutet, eine Frau zu viel zu haben.
Monogamie auch.

Nach eingehender Untersuchung
bespricht der Frauenarzt das Ergebnis
mit seiner Patientin: „Also, Frau Kistler,
wenn Sie heute Abend Ihren Mann sehen …"
„Ich habe keinen Mann, Herr Doktor",
unterbricht die Patientin ihn. „Na gut, wenn
Sie Ihren Verlobten oder Ihren Freund sehen …"
Erneut unterbricht ihn die Patientin:
„Herr Doktor, ich habe auch keinen Verlobten
und keinen Freund. Ich habe noch nie etwas
mit einem Mann gehabt!" Daraufhin
geht der Arzt zum Fenster und schaut
in den Himmel. Nach fünf Minuten
erkundigt sich die Patientin, was denn los sei.
Da meint der Gynäkologe: „Ich warte.
Das letzte Mal, als das passierte,
ging im Osten ein Stern auf."

Der Meister einer Autowerkstatt
zum Lehrling: „Und als Nächstes üben wir
den richtigen Umgang mit einem Kunden:
Du öffnest in seiner Anwesenheit die
Motorhaube, schüttelst den Kopf und
murmelst gut hörbar ‚Oje, oje' …"

„Mama, kann man durch
Analverkehr eigentlich schwanger werden?",
möchte die Tochter wissen.
Antwortet die Mutter: „Natürlich,
wo sonst kämen die ganzen
Arschlöcher her?!"

Ein Kreuzfahrtschiff verunglückt,
doch die Rettungsboote reichen nicht aus.
Die Übriggebliebenen erhalten Schwimmwesten
und sollen ins Wasser springen, aber sie
weigern sich. Schließlich ruft die Crew
den Kapitän. Dieser spricht kurz mit den
Männern und einer nach dem anderen
springt ins Meer. Nachdem alle von Bord sind,
möchte der Erste Offizier vom Kapitän wissen,
wie der die Passagiere überzeugen konnte.
Achselzuckend meint dieser: „Ganz einfach,
den Deutschen habe ich gesagt, es wäre
ein Befehl; zu den Franzosen, es sei ihre
patriotische Pflicht; zu den Japanern, es
würde ihre Potenz steigern; und zu den
Italienern, es sei verboten."

„Haben Sie sich auch wirklich an
meine Anweisung gehalten und keinen
Alkohol getrunken, sondern nur Milch?",
erkundigt sich der Arzt bei seinem Patienten.
„Ja, Herr Doktor", erwidert dieser, „und jetzt
weiß ich auch, warum Babys so viel schreien."

Der Arzt untersucht einen neuen Patienten.
„Rauchen Sie?", möchte er wissen.
„Nein", erwidert der Patient. „Trinken Sie?"
„Auch nicht." Darauf blickt der Arzt
den Patienten durchdringend an und
meint schließlich: „Freuen Sie sich nicht
zu früh, ich finde schon noch etwas,
das ich Ihnen verbieten kann."

„Es ist die übliche Dreiecksgeschichte",
klagt die Frau dem Psychotherapeuten ihr Leid.
„Sie, er und eine andere Frau?" „Nein, er,
ich und der Fernseher ..."

„Und gehst du schon zur Schule?",
wird die kleine Lisa gefragt.
Darauf das Mädchen: „Von gehen kann
keine Rede sein, ich werde geschickt!"

„Herr Bademeister, Herr Bademeister,
da zerfleischt ein Hai ein Kind!"
„Jaja, das machen die ..."

*E*rst wenn die letzte Bohrinsel abgerissen, die
letzte Ölgesellschaft pleitegegangen
und die letzte Tankstelle geschlossen worden
ist, werdet ihr merken, dass man nachts
bei Greenpeace kein Bier kaufen kann.

*W*ie viele FDP-Mitglieder braucht man,
um eine Glühbirne auszuwechseln?
Keine. Wenn die Rahmenbedingungen
stimmen und die Steuern gesenkt werden,
wird der Markt schon dafür sorgen,
dass sich die Birne von selbst wechselt.

„*M*ama, beginnen eigentlich alle Märchen
mit ‚Es war einmal …‘?", möchte die
kleine Miriam wissen. „Nein, mein Schatz",
antwortet die Mutter, „manche beginnen
auch mit: ‚Ich muss heute mal wieder
länger arbeiten …‘."

Warum darf sich die
Dame auf dem **Schachbrett**
bewegen, wie sie will?
Weil das Schachbrett aussieht
wie ein **Küchenboden**.

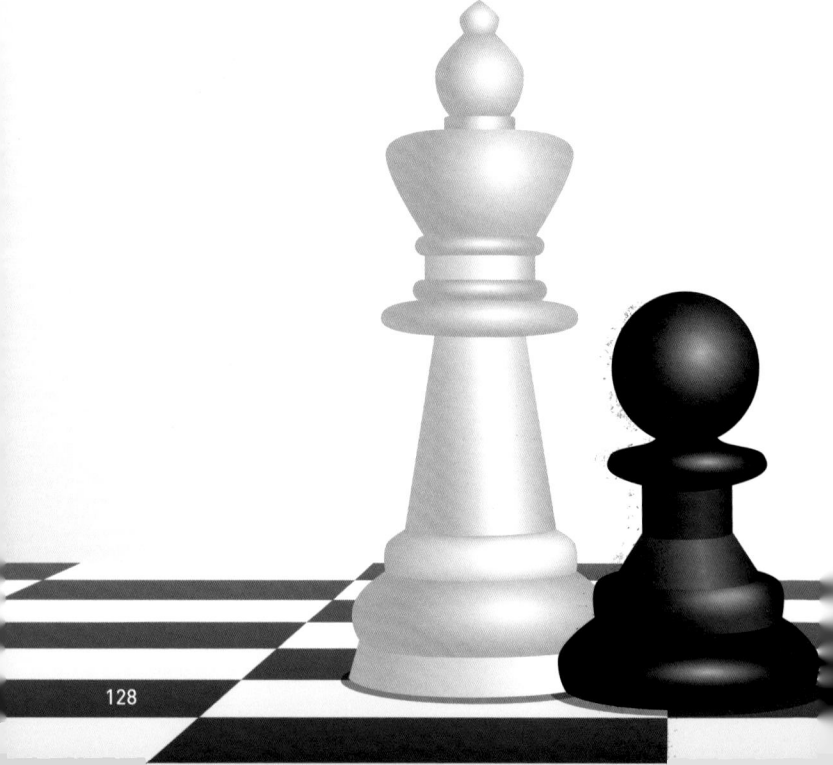

Herr Ehrlich erhält Post vom Finanzamt.
Darin heißt es: „Wir vermissen
in Ihrer Steuererklärung Angaben
zum Vermögen." Antwortet der Steuer-
pflichtige: „Und ich vermisse Vermögen
für die Angaben."

„Die Bremsen versagen", schreit die Frau
am Steuer ihrem Ehemann auf dem
Beifahrersitz zu. Antwortet dieser
geistesgegenwärtig: „Fahr gegen was Billiges!"

Treffen sich zwei Freunde nach langer
Zeit einmal wieder. Meint der eine:
„Die Ehe bekommt dir offensichtlich gut –
frisches Hemd, gebügelte Hosen, geputzte
Schuhe. Du bist kaum wiederzuerkennen."
Antwortet der andere kleinlaut: „Ja,
das war das Erste, was sie mir
beigebracht hat."

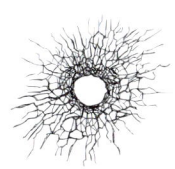

Herr Günther meldet sein zehntes Kind
zur Taufe an. Fragt der Pfarrer erstaunt:
„Schon wieder eins?" „Aber schon
in der Bibel heißt es doch: ‚Seid fruchtbar
und mehret euch'", verteidigt sich Günther.
„Aber die Bibel ist doch nicht für
Sie allein geschrieben worden."

Im Hof des bischöflichen Palais warten
die Fahrer auf ihre hohen geistlichen Herren.
Meint der eine: „Ich hab da mal an der Tür
gelauscht, die fluchen wirklich nicht.
Statt ‚Scheiße' zu sagen, reden die immer
nur vom ‚Heiligen Stuhl'."

Bei der Feuerwehr klingelt es Sturm:
„Bitte kommen Sie schnell, da versucht
ein junger Mann, in mein Schlafzimmer
einzusteigen." „Da sind Sie falsch verbunden,
gute Frau. Das ist Sache der Polizei,
hier ist aber die Feuerwehr." „Ja eben,
er braucht eine längere Leiter …"

Ein Handwerker kommt in den Himmel. Erbost beschwert er sich bei Petrus: „Das muss ein Fehler sein, ich bin doch erst 36." Verwundert prüft Petrus seine Unterlagen: „Also nach den Stunden, die du deinen Kunden in Rechnung gestellt hast, bist du bereits 93."

Was ist ein Leprakranker mit grauen Haaren? Eine Pusteblume.

Hast du schon mal
Stevie Wonders Frau
gesehen? Nein?
Er auch nicht!

„Sie müssen unbedingt mehr Sport treiben",
rät der Arzt seinem Patienten.
Darauf dieser ungehalten: „Ich ringe doch
schon jetzt täglich um meine Existenz."

Unterhalten sich zwei Freunde.
Fragt der eine: „Wie findest du denn
die Figur meiner neuen Freundin?"
Darauf der andere: „Das ist keine Figur,
das ist eine Massendemonstration."

Ein Pärchen treibt es leidenschaftlich.
Sie fängt an zu stöhnen: „Jaaaa,
besorg's mir, sag mir dreckige Sachen."
Darauf er: „Küche, Badezimmer,
Wohnzimmer ..."

Ein junger Bayer kommt zur Bundeswehr.
Nach vier Wochen schreibt er seiner Oma:
„So richtig gefallen tut es mir hier nicht.
Auf meiner Stube liegen noch fünf Preußen."
Schreibt die Oma zurück: „Das freut mich aber,
dass du nach so kurzer Zeit schon Gefangene
gemacht hast."

Herr Meister hat sich bereits
zum fünften Mal am Büfett bedient.
Da zischt ihm seine Frau zu:
„Sei doch nicht so verfressen, was sollen
denn die Leute von dir denken?"
Darauf er gelassen: „Wieso von mir?
Ich habe immer gesagt,
es wäre für meine Frau."

„Statt dir hätte ich lieber
den Teufel heiraten sollen",
schimpft die Ehefrau. Erwidert ihr Mann:
„Ehen unter Geschwistern
sind aber verboten!"

Verzweifelt schildert eine Mutter
dem Psychologen ihr Problem:
„Unser Sohn sitzt dauernd im Sandkasten
und baut Burgen oder backt Sandkuchen.
Ist das normal?" „Soweit ich weiß, ja",
beruhigt sie der Therapeut. „Sehen Sie,
mein Mann und ich sagen das auch,
aber unsere Schwiegertochter will sich
deswegen scheiden lassen."

Der kleine Mike beobachtet den Nachbarn,
wie er in der Auffahrt seinen
Kleinwagen wäscht. Nach einer Weile
meint er schließlich: „Den können Sie
so viel gießen, wie Sie wollen,
der wächst doch nicht mehr."

Nachdem der Ehemann die Preise
auf der Speisekarte gesehen hat,
fragt er seine Frau: „Und was möchtest du,
mein knubbeliges Moppelchen?"

„Sie wollen also Ihr Geständnis widerrufen?",
erkundigt sich der Richter beim Angeklagten.
„Ja, mein Anwalt hat mich inzwischen
von meiner Unschuld überzeugt."

Der liebe Gott schuf die Frau
deshalb als Zweites, weil er sich
bei der Erschaffung des Mannes
nicht reinreden lassen wollte.

Stationsarzt zur jungen Krankenschwester:
„Haben Sie dem Patienten auf Zimmer 12
das Blut abgenommen?" „Ja, aber mehr
als sechs Liter habe ich nicht aus ihm
herausbekommen …"

Meine Frau hatte neulich
so hohes Fieber, dass ich sie
in die Küche tragen musste,
damit sie meine Frühstück macht.

Berichtet Heidi ihrer Freundin stolz:
„Ich besuche jetzt an der Volkshochschule
einen Kurs für Ikeabana – die schwedische
Kunst des Möbelfaltens."

Warum grüßen sich Fiat-Fahrer nicht,
wenn sie sich auf der Straße begegnen?
Weil sie sich erst morgens in der
Werkstatt getroffen haben.

„Mutti, was passiert eigentlich mit einem Auto, wenn es alt ist und nicht mehr fahren kann?", will der kleine Leon wissen. Antwortet die Mutter: „Dann kommt ein cleverer Autohändler und verkauft es deinem Vater."

Der Arzt nimmt die Daten seiner neuen Patientin auf. Als er nach dem Alter fragt, überhört diese die Frage geflissentlich. Auf hartnäckiges Nachfragen hin meint sie schließlich leise: „Ich nähere mich den Vierzigern." Darauf der Arzt: „Und aus welcher Richtung?"

Was ist der Unterschied zwischen einem westdeutschen und einem ostdeutschen Märchen? Das westdeutsche Märchen beginnt mit „Es war einmal …", das ostdeutsche mit „Einmal wird es so weit sein …".

Der Patient zu seinem Hausarzt:
„Also, die Medizin, die Sie meiner Frau
beim letzten Mal verschrieben haben,
hat ganz ausgezeichnet gewirkt."
„Das freut mich aber", erwidert der Arzt.
„Und mich erst. Davor war sie nur heiser,
aber jetzt kriegt sie kein Wort mehr heraus."

Das Medium verdreht die Augen
und röchelt mit heiserer Stimme:
„Ich habe jetzt Kontakt zu Ihrer Frau."
„Und was sagt sie?", erkundigt sich
der Witwer aufgeregt. „Nichts."
„Dann ist es nicht meine Frau."

„Kann man große Möbelstücke eigentlich
auch per Post schicken?", fragt
der kleine Max seinen Vater. „Nein,
mein Junge", antwortet dieser.
„Und warum frankiert dann
der Mann unser Klavier?"

„**W**ie heißt bei den
Kannibalen ein
Skateboard-Fahrer?
Rollbraten.

„**W**as wird beim Menschen im Zustand
der Erregung sechsmal größer?", möchte
der Lehrer im Biologieunterricht wissen.
Die gefragte Schülerin errötet heftig,
schweigt aber. „Also gut", meint der Lehrer,
„es ist die Pupille. Und Ihnen, meine Liebe,
würde ich raten, nicht mit zu großen
Erwartungen in die Ehe zu gehen ..."

„**W**ie konntest du mich vor meinen
gesamten Freunden als Idioten bezeichnen?",
schreit der Mann seine Frau
auf dem Rückweg von einer Party an.
Darauf sie schnippisch: „Ich wusste ja nicht,
dass du es geheim halten wolltest."

Warum haben Blinde in ihrer
Wohnung keine Raufasertapete?
Sie würden sich sonst daran totlesen.

Die Ehefrau studiert das Horoskop
ihres Mannes. „Da hast du's", ruft sie
schließlich, „wärst du nur zwei Tage
früher geboren, wärst du freundlich,
großzügig, nachsichtig und liebevoll."

Tratschen zwei Nachbarinnen.
Meint die eine: „Küblers feiern
nächsten Monat blecherne Hochzeit ..."
„Was ist denn das?", erkundigt sich
die andere neugierig.
„20 Jahre Mittagessen
aus Konservendosen!"

Was macht eine Blondine im Reisfeld?
Sie sucht Uncle Ben ...

Er mit stolzgeschwellter

Brust zu ihr:

„So was wie **ich**

wächst nicht auf

Bävmen."

Darauf sie:

„Ich weiß, so was

schwingt von

Ast zu **Ast** …"

„Als ich damals in Russland war", erzählt der Großvater, „wurde ich von 20 hungrigen Wölfen angefallen."
„Aber Opa", unterbricht ihn der Enkel, „beim letzten Mal waren es nur fünf."
„Ja, mein Junge, aber damals warst du noch nicht alt genug für die ganze Wahrheit."

Sagt die Patientin zum Arzt:
„Ich weiß nicht, was schlimmer ist: die Behandlung mit dem Bohrer oder ein Kind zu bekommen."
Darauf der Arzt: „Sie sollten sich aber schon entscheiden, weil ich den Stuhl entsprechend einstellen muss."

Warum sind Junggesellen schlanker als verheiratete Männer? Der Junggeselle geht an den Kühlschrank, findet dort nichts Vernünftiges und geht ins Bett. Der Ehemann geht ins Bett, findet dort nichts Vernünftiges und geht an den Kühlschrank.

Der Gast zum Wirt: „Ich habe eine tolle Idee,
wie Sie in Nullkommanichts Ihren
Bierumsatz verdoppeln können.‟
„So, wie denn?‟, fragt der Wirt interessiert.
„Indem Sie die Gläser richtig voll schenken.‟

Ein Engländer, ein Franzose und ein
Nordkoreaner stehen im Museum
vor einem Gemälde.
Darauf sind der nackte Adam
mit einem Apfel in der Hand sowie
die ebenfalls unbekleidete Eva zu sehen.
Meint der Engländer: „Er hat einen
süßen Apfel und will ihn gentlemanlike
der Dame anbieten,
also sind es Engländer!‟
Darauf der Franzose: „Beide laufen
in der Öffentlichkeit nackt herum,
dann müssen es Franzosen sein!‟
Schließlich erwidert der Nordkoreaner:
„Weder noch! Sie haben keine Kleidung,
kaum etwas zu essen und
denken immer noch, sie seien im Paradies.
Es sind Nordkoreaner.‟

„Woher hast du denn das blaue Auge?",
erkundigt sich Jürgen bei seinem Freund.
„Als wir gestern beim
Mittagstisch gebetet haben,
habe ich bei den Worten
‚und erlöse uns von dem Bösen'
zufällig meine Schwiegermutter angeguckt ..."

„Opa", fragt der kleine Stefan,
„warum stehen auf den Siegessäulen
eigentlich immer nur Frauen?"
Darauf der Großvater: „Junge,
das wirst du erst verstehen,
wenn du selbst verheiratet bist."

Ein altes Ehepaar sitzt vor dem Fernseher,
als es an der Tür klingelt. Er zu ihr:
„Geh du mal, ist bestimmt für dich."
Sie geht und kommt wenige Augenblicke
später zurück, hinter ihr ein
schwarz gekleideter Herr mit Sense
in der Hand. Sie deutet über die Schulter:
„Ist doch für dich!"

Eine Schülerin hat einen Termin bei der Berufsberatung. „Wie wäre es denn mit Stewardess?", fragt die Beraterin. „Keine schlechte Idee", erwidert die Schülerin nach kurzem Überlegen. „Da kann man prima Männer kennenlernen." „Das sollte aber nicht ausschlaggebend für Ihre Entscheidung sein, Männer können Sie schließlich in jedem Beruf kennenlernen", gibt die Beraterin zu bedenken. „Das vielleicht schon", entgegnet das Mädchen, „aber da sind sie nicht angeschnallt."

Eine Autofahrerin würgt an der Kreuzung ihren Wagen ab und bekommt ihn nicht wieder in Gang. Ungeduldig fängt der Mann in dem Porsche hinter ihr das Hupen an. Da steigt die Frau in aller Seelenruhe aus und überreicht dem Porschefahrer ihre Autoschlüssel mit den Worten: „Sie können ja mal versuchen, meinen Wagen wieder anzulassen, und ich hupe hier so lange für Sie weiter."

Ein kleines Mädchen steht mit seinem
neuen Fahrrad an der roten Ampel.
Neben ihm steht ein berittener Polizist
und spricht es an: „Na Kleine, hast du das
Fahrrad vom Christkind bekommen?"
Als das Mädchen die Frage bejaht,
meint er weiter: „Dann sag dem Christkind,
dass es das nächste Mal eins
mit Reflektoren bringen soll.
Das kostet 20 Euro Strafe."
Darauf fragt das Mädchen:
„Hast du das Pferd auch vom Christkind?"
Antwortet der Polizist belustigt:
„Aber ja!" „Dann sag dem Christkind mal,
dass das Arschloch hinten hin gehört
und nicht obendrauf …"

Unterhalten sich zwei Nachbarn.
Meint der eine: „Früher wohnte meine
Schwiegermutter nur einen Steinwurf entfernt."
„Und warum ist sie weggezogen?",
erkundigt sich der andere.
„Ich habe sie wohl zu oft getroffen."

An der Ampel treffen sich eine dicke
und eine dünne Frau.
Meint die Dicke schnippisch:
„Also wenn man Sie so ansieht, könnte man
meinen, eine Hungersnot sei ausgebrochen."
Darauf die Dünne:
„Und wenn man Sie so anschaut,
weiß man auch, wer dafür verantwortlich ist."

Für den Filmliebhaber:
FSK 6: Es kommt keine Frau vor.
FSK 12: Der Held bekommt die Frau.
FSK 16: Der Schurke bekommt die Frau.
FSK 18: Alle bekommen die Frau.

„*D*u, warst du auf der Beerdigung
von Alexander?"
„Ja, sehr beliebt war er wohl nicht.
Ich war der Einzige, der geklatscht hat."

*M*aria weiß keinen Rat mehr. Jesus ist
mit 30 Jahren immer noch Jungfrau.
Darum bittet sie Maria Magdalena,
das leichte Mädchen des Dorfes,
ihren Sohn zum Mann zu machen.
Das Treffen findet in einer Herberge statt.
Nach nur wenigen Minuten
sieht Maria das Mädchen schreiend
aus dem Zimmer rennen.
Besorgt eilt sie zu Jesus und will wissen,
was passiert ist. Der erklärt:
„Sie hat die Hand auf mein Knie gelegt,
dann habe ich meine Hand auf ihr Knie gelegt.
Sie hat die Hand auf meinen Oberschenkel
gelegt, dann habe ich meine Hand
auf ihren Oberschenkel gelegt.
Sie hat die Hand zwischen meine Beine gelegt,
dann habe ich meine Hand zwischen
ihre Beine gelegt. Allerdings war sie dort
amputiert und ich habe sie geheilt!"

Wie viele Männer benötigt man,
um einen Raum zu tapezieren?
Das kommt darauf an, wie dünn
man die Scheiben schneidet.

Der Weihnachtsmann, konfrontiert
mit einem nackten Mädchen auf dem Sofa:
„Tu ich's, komme ich nicht mehr in den Himmel.
Tu ich's nicht, komme ich nicht mehr
durch den Kamin."

Rennen zwei Kannibalen mit einer Urne
durch den Urwald. Was singen sie?
„Die 5-Minuten-Terrine."

Warum sitzen im Theater die
Glatzköpfe immer in der ersten Reihe?
Damit die Einarmigen in der zweiten
Reihe auch was zum Klatschen haben.

Die Mutter kocht gerade das Essen,
als sie lautes Geschrei aus dem Bad hört.
Dort sieht sie, wie ihr Mann das Baby
an den Ohren durch das Wasser zieht.
„Was soll denn das? Bist du verrückt
geworden?", will sie von ihm wissen.
Antwortet er achselzuckend:
„Soll ich mir etwa die Hände verbrühen?"

Ein älterer Herr beißt in sein
(reichlich zähes) Schnitzel, da bricht
sein Gebiss. Hilfsbereit beugt sich
ein Gast vom Nebentisch herüber,
zieht ein Gebiss aus seiner Jacketttasche
und hält es dem älteren Herrn aufmunternd
hin. Doch leider ist es zu klein. Erst
das dritte Gebiss, das ihm angeboten
wird, passt, sodass der ältere Herr seine
Mahlzeit beenden kann. Nachdem er sich
den Mund an der Serviette abgewischt hat,
meint er schließlich: „Was für ein Glück,
dass ausgerechnet heute ein
Zahntechniker am Nebentisch sitzt …"
Darauf der Angesprochene: „Was heißt hier
Zahntechniker? Ich bin Leichenwäscher!"

Was ist ein zwiespältiges Gefühl?
Wenn die Schwiegermutter mit deinem
neuen Auto über die Klippe fährt.

Jemand soll ein Werbeplakat für
‚Meier-Nägel' entwerfen ...
Da die Entwurfsarbeiten sehr viel Zeit
in Anspruch genommen haben, werden die
Plakate ohne das letzte OK des Chefs
von ‚Meier-Nägel' gefertigt und aufgehängt.
Als der Chef am nächsten Tag aus dem
Haus kommt, sieht er das Plakat.
Jesus am Kreuz und eine Überschrift
in riesigen Lettern: ‚MEIER-NÄGEL'.
Der Chef eilt in seine Firma und macht
seinem Werber die Hölle heiß:
„Kannst du doch nicht bringen ... was sollen
die Leute denken ... bis morgen früh will ich
neue Plakate hängen haben!"
Der Tag geht rum ... der Morgen naht ...
der Boss geht aus dem Haus und
schaut auf das neue Plakat. Jesus,
zusammengesackt unterm Kreuz liegend,
und eine große Überschrift:
Mit MEIER-NÄGELN wäre das nicht passiert!

Er zu ihr: „Sind Sie
für den nächsten Tanz schon vergeben?"
Antwortet die Gefragte begeistert:
„Oh nein, ich bin noch frei!"
Darauf er: „Prima, dann könnten Sie
ja so lange mein Bierglas halten."

Ein Handelsvertreter, der seit
vielen Wochen unterwegs ist,
kommt ins Bordell.
Er wirft der Puffmutter eine Handvoll
Scheine hin und verlangt:
„Die Hässlichste, die Sie haben!"
Die Chefin zählt schnell nach und
sagt ihm, für so viel Geld könne er
auch die Hübscheste bekommen.
„Ich bin nicht an Sex interessiert",
brummt der Mann, „ich habe Heimweh."

Das Beste an der Muttermilch
ist die Verpackung!

Ein Mann sitzt im Schlafzimmer auf dem
Bett und hält sich eine Pistole an den Kopf.
Da kommt seine Frau ins Zimmer
und ruft erschrocken: „Nicht doch!
Kannst du das nicht im Bad machen?!"

Sohn zum Vater:
„Papa, warum bin ich eigentlich
schwarz, obwohl Mama
und du weiß sind?"
Darauf der Vater versonnen:
„Also bei der Orgie damals
kannst du froh sein,
dass du nicht bellst ..."

Eine Frau zu ihrer Freundin:
„Ich muss jetzt höllisch aufpassen,
dass ich kein Kind kriege."
Freundin: „Wieso? Dein Mann ist
doch sterilisiert?"
Frau: „Eben!"

Der Großwildjäger führt
seinem Freund die Jagdtrophäen vor.
Plötzlich stutzt dieser:
„Sag mal, ist das da oben nicht
deine Schwiegermutter?" „Ja!"
„Aber warum hat der präparierte Kopf denn
so einen freundlichen Gesichtsausdruck?",
will der Freund nun wissen.
Darauf der Jäger lächelnd:
„Sie hat bis zuletzt geglaubt,
dass ich sie fotografieren will."

Was steht auf dem Grabstein
einer alten Jungfer?
Ungeöffnet zurück!

Ein Ehepaar sitzt im Zug
auf der Heimfahrt aus dem Urlaub.
Es herrscht dicke Luft. Als sie
an einer Wiese vorbeifahren, auf der
sich Schweine im Dreck suhlen,
fragt sie ihn bissig: „Verwandte von dir?"
Antwortet er ruhig:
„Meine Schwiegereltern."

Fährt ein Vampir allein auf einem Tandem
und wird von einem Polizisten gestoppt.
Der fragt: „Haben Sie was getrunken?"
Der Vampir: „Nur zwei kleine Radler."

Warnung an alle Mitarbeiter

In unserem Unternehmen konnten bereits
einige Terroristen identifiziert und gefasst
werden. Es handelt sich dabei um die
harmlosen Mitläufer **Bin Da**, **Bin Spät**,
Bin Müde, **Bin Kaffeetrinken**, **Bin Rauchen**
und **Bin Essen**.

Die Mitarbeiter **Bin Pinkeln** und **Bin im Lager**
konnten ebenfalls ermittelt werden.
Sie werden als harmlos eingestuft und
sind unter Quarantäne gestellt worden.
Auch die höchstgefährliche Aufrührerin **Bin
Schwanger** konnte dingfest gemacht werden.

Nur der Topterrorist **Bin Arbeiten** konnte
bis jetzt trotz intensiver Suche
nicht gefunden werden.
ACHTUNG: **Bin Arbeiten** verbreitet
äußerst radikales Gedankengut!
Er versucht sogar, die Terroristengruppe
Bin Faul zu unterwandern und zur Umkehr
in ihren Fundamentalglauben zu bewegen!
Gehen Sie ihm aus dem Weg und
meiden Sie jeden Kontakt!!!

Nach Rücksprache mit der
Geschäftsleitung besteht aber kein Grund
zur Panik. Es ist äußerst unwahrscheinlich,
dass sich **Bin Arbeiten** ausgerechnet
in unserem Unternehmen aufhält.
Es gibt bei uns absolut niemanden,
auf den diese Beschreibung auch nur
im Entferntesten zutrifft.

Auch konnte der als **Bin im Meeting**
bekannte Extremist bis heute nicht
ausfindig gemacht werden.
Es wird vermutet, dass er sich als **Bin Wichtig**,
Bin Boss oder **Bin Chef** ausgibt.

Bin beim Kunden gilt ebenfalls als
Anarchist. Allerdings hat ihn bis jetzt
niemand gesehen – **ALSO VORSICHT**!

In unserer Abteilung wird auch intensiv
nach **Bin nicht Zuständig** gefahndet.
Es wurden schon mehrere
Verdächtige vernommen, aber
Festnahmen gab es bisher keine.

Ihr Sicherheitsbeauftragter
Bin Wachsam

Die Ehefrau beim Rechtsanwalt:
„Ich möchte mich von meinem Mann
scheiden lassen. Ständig streiten wir nur."
Erkundigt sich der Rechtsanwalt:
„Können Sie sich denn noch
an den allerersten Streit erinnern?"
Darauf die Mandantin:
„Das war gleich bei der Hochzeit.
Da wollte er unbedingt mit aufs Hochzeitsfoto."

Aftershave ist nicht das Gegenteil
von Mundwasser.

Eine Blondine macht Urlaub am Nil.
Sie fährt auf der Straße,
kommt ins Schleudern und landet im Nil.
Da kommen die Krokodile ...
Schreit die Blondine: „Wie geil!
Rettungsboote von Lacoste!"

Ein Armloser, ein Beinloser und ein Blinder stehen im Fahrstuhl. Sagt der Armlose: „Ich drück 'nen falschen Knopf!" Sagt der Beinlose: „Wenn du das machst, tret ich dich!" Sagt der Blinde: „Das will ich sehen!"

Erkundigt sich der Richter: „Sie bestreiten also nicht, Ihren Mann während der Fußballübertragung erschossen zu haben?" Antwortet die Angeklagte: „Nein, Herr Richter, aber er hat es ja geradezu herausgefordert. Ständig hat er geschrien: ‚Schieß doch! Schieß doch endlich, du alte Pfeife!'"

Finden zwei Polizeibeamte eine Leiche vor einem Gymnasium. Fragt der eine den anderen: „Du, wie schreibt man denn Gymnasium?" Der andere überlegt und sagt: „Schleppen wir ihn zur Post!"

Warum tragen Blondinen einen Ballen Stroh auf dem Rücken? Als Speichererweiterung.

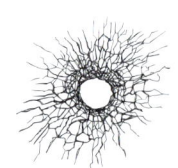

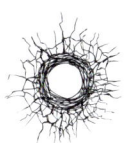

Ein Amerikaner, der seine Freundin aufrichtig liebte, beschloss, ihren Namen auf seinen Penis zu tätowieren. Ihr Name war „WENDY". Die Tätowierung wurde im erigierten Zustand gemacht, sodass wenn der Penis nicht erigiert war, nur „W Y" zu erkennen war. Nachdem das Paar geheiratet hatte, verbrachte es seine Flitterwochen in Jamaika. Als der Mann auf der Toilette war, stand ein Jamaikaner neben ihm, der auch ein „W Y" auf seinem Penis hatte. Daraufhin fragte der Amerikaner freundlich: „Na, heißt Ihre Freundin auch Wendy?" Da meinte der Jamaikaner grinsend: „Nein, mein Herr, bei mir steht: ‚Welcome to Jamaica! Have a nice Day!'"

Ein Mann steht an einem Grab und weint bitterlich. „Warum so früh?", ist sein Wehklagen weithin vernehmbar. Ein anderer Friedhofsbesucher fragt ihn: „Ein schwerer Verlust, Ihre Frau?" Darauf der Angesprochene: „Nein, der erste Mann meiner Frau."

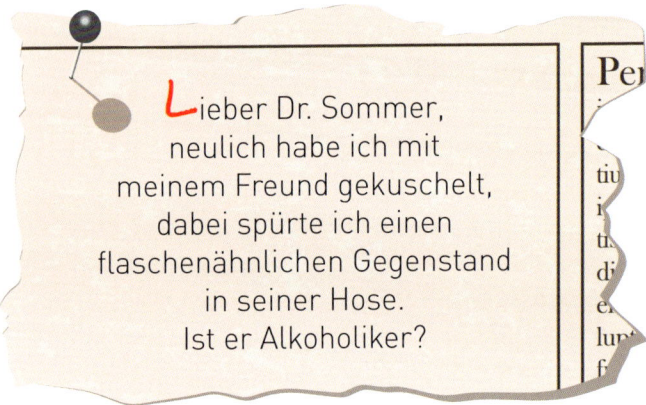

Lieber Dr. Sommer,
neulich habe ich mit
meinem Freund gekuschelt,
dabei spürte ich einen
flaschenähnlichen Gegenstand
in seiner Hose.
Ist er Alkoholiker?

Per

Kommt ein Mann zum Fleischer:
„Hallo, ich hätte gern 100 Gramm von
der groben Fetten."
„Tut mir leid, die hat Urlaub!"

Ein Besoffener rempelt eine Frau an:
„Mensch, sind Sie aber hässlich!"
Die Frau wendet sich angewidert ab:
„Ach was, Sie sind ja sternhagelvoll!"
„Richtig, aber ich bin morgen wieder nüchtern!"

Was ist schwarz, weiß und rot?
Ein Pinguin mit Sonnenbrand.

Die Mutter hat einen Hasen
zum Abendessen gebraten.
Die Kinder wollen wissen, was sie essen.
Sagt der Vater: „Ich geb euch einen Tipp:
So nennt Mami mich manchmal!"
Die Tochter spuckt das Essen aus
und sagt: „Boah, so was ess ich nicht,
das ist ein Arschloch!"

Was hat ein Mann ohne Beine?
Erdnüsse.

Unterhalten sich zwei Freunde:
„Ich glaube, meine Frau ist tot.
Im Bett ist sie so wie immer,
aber in der Küche sieht es aus wie Sau."

Die neueste Anordnung im Altersheim ist für die Männer: Zweimal täglich eine halbe Tablette Viagra. Morgens nach dem Frühstück eine halbe, damit sie sich nicht auf die Schuhe pinkeln und abends vor dem Schlafengehen eine halbe, damit sie nachts nicht aus dem Bett fallen.

Wie heißt die Lieblings-Sportveranstaltung eines Exhibitionisten?
Trench Open.

Sie bittet ihn, ihr bei der Vorbereitung auf die Fahrprüfung zu helfen. Als sie hinter dem Steuer Platz genommen hat, fragt sie. „Und was muss ich jetzt tun?" Darauf er: „All das, was du mir rätst, wenn ich fahre ..."

„Mami, Mami, alle sagen
ich wäre ein Monster."
„Aber nein, mein Schatz,
mach deine drei Augen zu und schlaf."

Warum gibt es in Parkhäusern
spezielle Frauenparkplätze?
Damit die Frauen beim Ein- und Ausparken
die Autos der Männer nicht beschädigen.

„Liebling, ist mein Kleid
zu tief ausgeschnitten?"
Er guckt. „Hast du Haare auf der Brust?"
Sie ganz entrüstet: „Natürlich nicht!"
„Okay, dann ist dein Kleid
zu tief ausgeschnitten!"

Unterhalten sich zwei Spastiker:
„Ich habe gehört, du hast
gestern Abend den Breakdance-Wettbewerb
in der Disco gewonnen?"
„Ja, aber ich wollte mir eigentlich
nur eine Cola holen."

„Herr Doktor, Herr Doktor, ich habe
einen Knoten in der Brust!"
„Aber wer macht denn so was?"

Der Polizist stoppt einen völlig
nackten Fahrradfahrer. „Runter vom Rad!
Sie sind wohl verrückt geworden."
„Bitte lassen Sie mich weiterfahren,
ich habe doch zu Hause 12 Kinder."
„Dann ist das was anderes.
Dann sind Sie ja sozusagen
in Arbeitskleidung."

„Seltsam", meint der Gynäkologe,
„Sie waren nun schon drei Mal verheiratet
und sind immer noch Jungfrau?"
„Ja, wissen Sie, mein erster Mann
war Psychiater, der redete nur darüber;
der zweite war Handwerker,
der meinte immer ‚Morgen fangen wir an',
und der dritte war Gourmet."

*D*er kleine Junge schaut
durchs Schlüsselloch ins Schlafzimmer
seiner Eltern. „Na so was",
empört er sich, „und mir verbieten sie,
in der Nase zu bohren."

*I*n einem Eisenbahnabteil sitzen
eine attraktive Blondine, eine Nonne,
ein Holländer und ein Deutscher.
Als der Zug in einen Tunnel fährt,
hört man plötzlich den Knall einer Ohrfeige.
Wieder aus dem Tunnel heraus,
leuchtet die Wange des Holländers puterrot.
Die Blondine denkt sich: „Geschieht ihm recht.
Der wollte mich bestimmt angrapschen,
hat aber die Nonne erwischt."
Die Nonne überlegt: „Da ist er wohl
der Blondine an die Wäsche gegangen
und die hat ihm eine geklebt."
Der Holländer schmollt: „Wie unfair,
der Deutsche macht sich an die Blondine ran
und ich bekomme die Ohrfeige."
Der Deutsche lächelt und sinniert:
„Hoffentlich kommt bald wieder ein Tunnel,
dann verpass' ich dem Holländer noch eine ..."

Wie nennt man ein Kondom mit einem Loch?
Kinderüberraschung.

Der Pfarrer im Religionsunterricht:
„Heute erzähle ich euch etwas über die
Erschaffung des ersten Menschen."
Darauf der kleine Sebastian:
„Mich interessiert mehr die Erschaffung
des dritten Menschen!"

Fünf von vier Leuten
können nicht rechnen!

„Mutti, warum sterben in unserer Familie
die Leute immer so plötzlich?"

...
„Mutti?"
„Mutti?"
„Muuuutttiiiii!"

Kommt ein Mann im weißen Kittel
ins Krankenzimmer und fragt den Patienten:
„Wie groß sind Sie denn?"
Patient: „1 Meter 80, Herr Doktor."
Darauf der Mann: „Ich bin nicht der Doktor,
ich bin der Schreiner."

Welches sind die letzten Worte
eines Fahrgasts in der Achterbahn?
„TÜV-geprüft ..."

Ein Fahrgast im Taxi hat eine Frage an
den Fahrer und tippt diesem auf die Schulter.
Der Fahrer lässt einen lauten Schrei los,
springt wie wild aus dem Taxi
und verschwindet hinter dem nächsten Baum.
Erst nach fünf Minuten kehrt er
zum Auto zurück und erklärt verlegen:
„Entschuldigung, aber normalerweise
fahre ich Leichenwagen."

Genehmigte Lizenzausgabe
EDITION XXL GmbH
Industriestraße 19
64407 Fränkisch-Crumbach 2023
www.edition-xxl.de

Projektleitung: Sonja Sammüller
Zusammenstellung: Andreas Ehrlich
Layout, Satz und Umschlaggestaltung:
design cat GmbH

ISBN 978-3-89736-934-4

Druck und Bindung in der EU
POLYGRAF PRINT spol. s r. o.
Čapajevova 44
08001 Prešov, Slowakei
www.polygrafprint.sk